THÉORIE
DE LA
FIGURE HUMAINE.

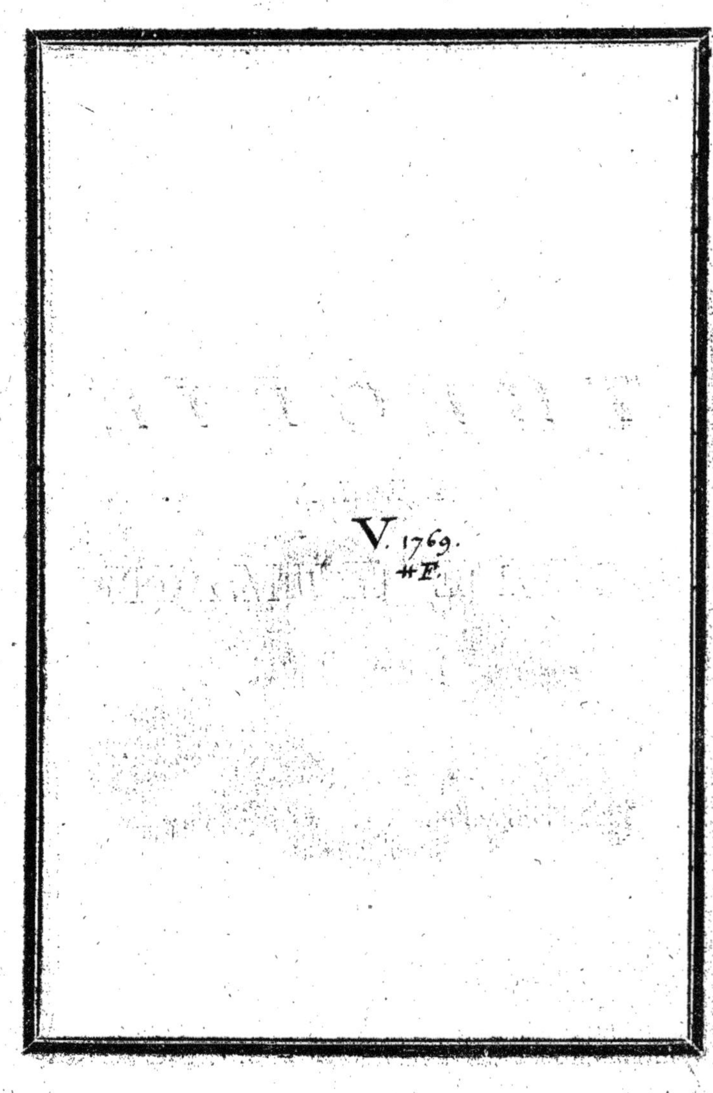
V. 1769.
#F.

THÉORIE

DE LA FIGURE HUMAINE,

CONSIDÉRÉE DANS SES PRINCIPES,

SOIT EN REPOS OU EN MOUVEMENT.

Ouvrage traduit du latin de PIERRE-PAUL RUBENS, avec XLIV Planches gravées par *Pierre Aveline*, d'après les desseins de ce célebre Artiste.

Quæ compositio membrorum, quæ conformatio lineamentorum, quæ figura, quæ species, humanâ potest esse pulchrior? Omnium animantium formam vincit hominis figura. Cicero, de naturâ Deorum, lib. I.

À PARIS, RUE DAUPHINE,

Chez CHARLES-ANTOINE JOMBERT, Pere, Libraire de l'Artillerie & du Génie.

M. DCC. LXXIII.

AVEC APPROBATION ET PRIVILEGE DU ROI.

AVERTISSEMENT
DU LIBRAIRE.

LA traduction de cet ouvrage de Rubens sur les proportions de la figure humaine, que je préfente au Public, doit fon exiftence à l'achat que j'ai fait à la vente du fieur Huquier, vers la fin de l'année derniere, des planches de cuivre gravées d'après les deffeins tracés de la main de Rubens pour l'intelligence de fon manufcrit. Aux épreuves de ces planches étoit jointe une copie du difcours en latin, avec fa traduction en françois ; mais elle étoit fi mal faite, fi pleine de contre-fens, & fi peu conforme à l'original, qu'il m'a fallu y renoncer, & me déterminer à en faire moi-même une nouvelle traduction d'après le texte de Rubens.

On fera peut-être étonné que cet ouvrage qui a fait tant de bruit parmi les amateurs, & qui étoit attendu depuis long-tems par les artiftes avec une efpece d'impatience, réponde fi peu à la haute idée que l'on en avoit conçue, & à la grande réputation de fon Auteur, qui étoit favant & très-verfé dans les lettres, & qui poffédoit fupérieurement le talent de la peinture. Mais on doit faire attention que ce manufcrit n'a jamais été compofé par Rubens dans l'intention de lui faire voir le jour; c'étoit feulement un *répertoire* dans lequel il couchoit par écrit, pour fa propre inftruction, les préceptes & les connoiffances qu'il puifoit, foit dans la nature, foit dans les différens Auteurs dont il faifoit la lecture, pour orner fa mémoire de ce qu'il y trouvoit de plus remarquable.

Cependant, comme tout ce qui vient d'un grand artifte doit être précieux pour ceux qui fuivent la même carriere, je me fuis déterminé à faire part au Public de ces fragmens des études de Rubens, tels que je les ai trouvés dans fon manufcrit. J'en ai feulement retranché deux chapitres de principes cabaliftiques; l'un fur les propriétés des nombres appliqués aux opérations de la chymie; l'autre fur la formation primitive de l'homme créé d'abord hermaphrodite, puis divifé en deux fexes; fur le mariage du foleil avec la lune; & autres rêveries tirées de la philofophie hermétique, qui m'ont paru inintelligibles & fans fuite, & qui font d'ailleurs auffi étrangeres au fujet principal, qu'inutiles & abfurdes.

Au refte, Rubens n'eft pas le feul grand artifte qui fe foit avifé d'allier les principes du deffein avec les myfteres de la chymie & les rêveries de l'aftrologie judiciaire. Le fubtil Cardan, Albert Durer, & Jean-Paul Lomazze, qui ont écrit fur les proportions de la figure humaine, ainfi que Vincent Scamozzi, & Jufte Aurele Meyffonier, dans leur idée d'une architecture

univerfelle , font tombés dans les mêmes écarts, & fe
font pareillement égarés dans le labyrinthe obfcur des
termes de la chymie & de la philofophie fpagyrique
mêlés avec ceux du deffein. Nous n'en donnerons pour
preuve que les trois extraits fuivans du Traité des Proportions de Jean-Paul Lomazze, traduit de l'Italien
par Hilaire Pader, Peintre Tolofain, *in-folio* imprimé
à Touloufe en 1649.

« Ces grandes proportions harmoniques que Lo-
» mazze fait trouver dans le corps humain par les
» nombres & les tons de la mufique, témoignent la
» parfaite fymmétrie de ce petit monde ; c'eft pourquoi
» l'homme eft dit le plus parfait œuvre de la nature ,
» l'image du Créateur, & le Roi des animaux, qui
» contient dedans foi les quatre élémens. De forte que
» non-feulement la mufique y trouve la divifion de
» fes tons, la géométrie fes points, lignes, & figures,
» mais de furcroît l'aftrologie y trouve fes aftres, la
» philofophie fa matiere & fa forme, & la chymie la
» différence de fes vaiffeaux & fourneaux. Et ne t'é-
» tonnes pas fi je mêle ici la chymie, car je t'affure
» que fi tu n'eft fpagyrique, tu ne deviendras pas ex-
» cellent Peintre ». *Difcours de Pader, à la fin du cha-*
pitre VI, page 22 du livre cité ci-deffus.

« De plus, les navires, barques, galeres, & fem-
» blables, font tirés du corps humain, à l'exemple de

» l'arche de Noé : parce qu'il eſt dit que Dieu même
» enſeigna de fabriquer l'arche à Noé, comme celui
» qui avoit ſagement bâti la machine du monde, toutes
» les perfe&tions de laquelle il avoit épiloguées au plus
» haut degré en l'homme, d'où l'un eſt dit grand &
» l'autre petit monde. C'eſt pourquoi ceux qui ont
» meſuré ce petit monde, ont diviſé le corps en ſix
» pieds, & le pied en dix degrés, & le degré en cinq
» minutes, qui firent le nombre de ſoixante degrés, ou
» de trois cent minutes, auxquelles ils parangonnerent
» autant de coudées géométriques, par leſquelles l'ar-
» che de Noé fut décrite par Moyſe. Car comme le
» corps humain a trois cent minutes de long, cin-
» quante de large, & trente de haut, ainſi l'arche fut
» de trois cent coudées de long, cinquante de large,
» & trente de hauteur ». *J. P. Lomazze, de la proportion, chap. XXX, page 83, même édition.*

 « La regle des proportions a été obſervée par les
» plus excellens & illuſtres Peintres qui ont été la
» ſplendeur & la lumiere de notre tems, & ont enſuivi
» & emporté l'excellence des proportions des ſept
» gouverneurs du monde, entre leſquels le premier,
» ſans exception, a été Michel Ange Buonarotte ; &
» après lui, le prix de former les corps vénériens, c'eſt-
» à-dire par la proportion de Vénus, fut donné au
» grand Peintre Raphaël Sancio d'Urbin : des ſolaires,

» à Léonard de Vinci, Florentin : des Martials, à Poli-
» dore de Caravagge : des Mercurials, à André Man-
» teigne, Mantouan : des lunaires, à Titian Veccelli,
» de Cadore : & en dernier lieu des jovials, à Gaudens
» Ferrare de Valdusie, Milanois ». *Ibid. chap. XXXI,*
page 88.

On ne peut mieux terminer cet Avertissement que
par l'extrait suivant de la Préface mise à la tête de
l'école d'Uranie, par M. de Querlon, Auteur très-
estimé & très-connu par les excellens ouvrages pério-
diques dont il enrichit depuis long-tems la république
des lettres : cet extrait prouve évidemment que l'ouvrage que l'on donne aujourd'hui au Public est connu
& désiré depuis long-tems par les amateurs & les artistes, comme on l'a remarqué ci-devant.

« Rubens, génie si poétique, & de plus élevé d'*Otto*
» *Vænius*, qui avoit tant de goût pour la poésie, a
» laissé un monument des études qu'il avoit faites d'a-
» près les poëtes, dans un recueil où sont dessinées la
» plupart des actions de l'homme, conformément aux
» descriptions qu'en ont faites les anciens Auteurs. Il
» contient une suite de morceaux extraits principale-
» ment de Virgile, & qui sont comme autant de ta-
» bleaux de combats, de naufrages, de jeux, & de
» pompes : ce qu'il avoit ramassé tant pour son usage,
» que pour comparer aux peintures de Raphaël & des

» autres maîtres qui avoient traité les mêmes sujets.
» Il feroit à souhaiter que ce répertoire fût entre les
» mains de tous les Peintres; mais il vaudroit encore
» mieux que chacun, selon son genre & son goût, pût
» se former soi-même une pareille poétique. Rubens
» avoit si bien compris le besoin que la plus riche ima-
» gination a d'être nourrie par la lecture, que même,
» en peignant, il se faisoit lire ou des morceaux choisis
» d'histoire, ou quelques poésies.

» Léonard de Vinci, long-tems avant Rubens,
» avoit fait des extraits à peu près semblables, où il
» puisoit idées poétiques, sujets de composition, ca-
» racteres, & tous les traits d'érudition qu'il faisoit
» passer dans ses tableaux». *Préface de l'Ecole d'Uranie,
page xvj & suiv.*

Au reste, on prie le Lecteur d'observer que ce n'est
point ici un Traité élémentaire sur le dessein, dans
lequel on se soit proposé de développer tous les principes de cet art, mais que ce sont des réflexions par-
ticulieres de Rubens sur les différens caracteres du
corps de l'homme & de la femme, occasionnées par la
lecture de Virgile, de Pline, & de quelques autres Auteurs anciens. Pour le dédommager de ce qui manque
à cet ouvrage, on donne dans un second volume,
qui sert de supplément à celui ci, les principes du
dessein appliqués à la pratique, suivis d'une grande

quantité d'exemples de toutes les parties du corps humain, de diverſes figures d'Académies, & de beaucoup d'autres eſtampes d'après les meilleurs maîtres de notre Ecole Françoiſe moderne. Ces deux volumes paroîtront en même tems, & ſe vendront enſemble ou ſéparément, pour la commodité des Amateurs.

TABLE

DES CHAPITRES ET ARTICLES.

THÉORIE

THÉORIE

DE LA FIGURE HUMAINE.

CHAPITRE PREMIER.

Des élémens de la figure humaine.

O
N peut réduire les élémens ou principes de la figure humaine, au cube, au cercle, & au triangle.

Pour former un cube, il faut commencer par décrire un quarré, lequel étant lui-même composé de quatre parties, est nécessairement engendré d'un nombre; car un est un, & demeure toujours un tant qu'il est seul : il peut alors être considéré comme un point. Deux, ou le nombre binaire, le plus petit des nombres qui expriment plusieurs unités, est

A

l'élément de la ligne. La ligne multipliée produit une superficie : la plus simple de ces figures est le triangle, procédant du nombre ternaire. Il est composé de trois lignes droites, qui se joignent par leurs extrêmités. Le quarré vient ensuite : il a pour élémens quatre lignes droites également éloignées l'une de l'autre dans tous leurs points, & qui se touchent par les extrêmités. De cet assemblage naît le rectangle solide, appellé substance ou matiere. Car ayant posé quatre points également distans l'un de l'autre, si on les joint l'un à l'autre par des lignes droites, ils produisent la base du cube qui en supporte toutes les parties & les côtés disposés à égale hauteur, par le moyen de quatre lignes élevées perpendiculairement sur les angles de cette base. Or, le cube a six côtés égaux : un sur lequel il se soutient : un autre côté en-dessus opposé à la base : & quatre autres qui forment son contour : tel est un dé à jouer.

Ce cube ou quarré parfait est l'élément primitif (1) de tous les corps forts & vigoureux, tels que les Héros, les Athletes, & de tout ce qui doit exprimer de la simplicité, de la pesanteur, de la fermeté, & de la force ; car le cube a une base sur laquelle il peut se soutenir sans aucun secours étranger, & il conserve un empire universel sur le corps humain, sur-tout dans le genre masculin. Dans la femme, au contraire, la force de ses angles est affoiblie & diminuée en forme de sphere.

---

(1) *Ex cubo, sive figurâ ab omni latere quadratâ, sit omne masculum, aut virile, & quidquid grave, forte, robustum, compactum, & athleticum est : & quidquid formæ quadrati detraxeris, amplitudini quoque peribit.* Quintil. Lib. I, cap. X.

Des trois efpeces d'hommes forts & robuftes.

Nous voyons, par les ftatues antiques, que les Grecs diftinguoient trois fortes de corps forts & vigoureux. Nous avons un exemple de la premiere efpece dans la ftatue d'Hercule, ouvrage parfait dans tous fes points, & qui caractérife la plus grande force. Glycon, Athénien, eft l'auteur de ce chef-d'œuvre de fculpture qui fe voit à Rome dans la cour du palais Farnefe. Comme la force de ce demi-dieu devoit furpaffer tout ce qu'on peut imaginer de plus fort, le Sculpteur a employé dans cette figure furnaturelle ce qui défigne le plus ce caractere dans le lion, le taureau, & même le cheval. C'eft ce qu'on apperçoit clairement dans les cheveux d'Hercule, qui ont une reffemblance parfaite avec la criniere du lion ou du taureau : il en eft de même de prefque toute fa tête qui tient du taureau : le front a quelque chofe du taureau & du lion : le chignon du col & fon emmanchement fur les épaules font charnues & pleins de mufcles comme ceux du taureau. *Voyez les planches I, II , III, & IV, & fur-tout la pl. V.*

On voit encore à Rome , parmi les antiques, une autre ftatue d'Hercule d'une taille plus élégante, & moins épaiffe. Sa poitrine eft plus élevée, fes épaules font plus larges, fes bras font plus alongés, fes mains plus grandes ; les mufcles du ventre plus fermes & plus refferrés ; la hanche eft faillante ; fes cuiffes font d'une belle épaiffeur & d'une forme irrépréhenfible, allant en diminuant jufqu'au bout du pied ; le talon un peu grand. Toutes les extrêmités des membres de cette figure deviennent plus petites à mesure qu'elles s'éloignent du tronc, à l'imitation d'une pyramide qui est l'élément primitif des extrêmités du corps humain.

Dans cette même figure les muscles sont traités avec beaucoup d'art & d'élégance ; semblables à de petites monticules qui s'élevent au milieu d'une vallée par leur ampleur & leur saillie, ils font voir la force du corps le plus vigoureux jointe à la beauté des formes & à l'observation exacte des regles prescrites par les maîtres de l'art les plus expérimentés.

Les Ethiopiens, les Africains, & les Turcs tiennent en quelque maniere des proportions de cette statue : non qu'ils aient la même force, mais leurs membres sont à peu près semblables à ceux de cet Hercule. Ils ont, par exemple, la tête ronde, les cheveux crépus comme les poils du taureau, le col court & plein de muscles, les épaules larges, &c. *Voyez les planches V & VI.*

Dans la seconde espece de corps robustes, les muscles ne font pas si apparens, mais la figure est plus charnue ; ensorte que les membres y paroissent presque aussi grands, les nerfs étant par-tout couverts de chair. L'antiquité nous en offre un exemple parfait dans la figure du Nil, & dans celle de l'Empereur Commode représenté sous la figure d'Hercule ; mais sur-tout dans le Nil. Ces deux magnifiques statues se voient à Rome, dans les jardins du Vatican.

La troisieme espece de corps vigoureux est plus seche, les os en font plus grands, la tête plus longue ; les bras, les cuisses, & les jambes font plus étendus ; le ventre est plus plat & plus resserré ; & la chair est tellement tendue par-tout le corps que les nerfs paroiſſent , & que , ſemblables à des cordes, on les apperçoit de côté & d'autre ſous la peau. Il ne faudroit pas cependant que cela fût porté à l'excès, ni que cela choquât l'élégance qu'il eſt difficile d'y obſerver, à cauſe des proportions régulieres qu'on eſt obligé de ſuivre exactement : car pour peu qu'on les néglige, on tombe bientôt dans la difformité.

Nous avons un très-beau modele de cette forme élégante, à Rome, dans la ville Borghèſe : c'eſt la ſtatue du Gladiateur, qui tout à la fois porte le coup à ſon adverſaire & qui ſait ſe garantir de celui qui le menace. Cette figure eſt de Théophane, d'Epheſe : elle eſt très-belle à voir de tous les côtés.

De ces trois eſpeces différentes de proportions, on en peut former une infinité d'autres dont on voit de toutes parts des exemples antiques à Rome, dans les palais, les maiſons des particuliers, les fauxbourgs , les vignes, les jardins , &c.

Il y a une autre ſorte de figure qui ne paroît pas ſi convenable que celle d'Hercule pour les travaux qui demandent de la force, ſans cependant avoir le défaut de paroître foible ; mais qui tient le milieu entre ces deux caracteres. On ne peut ſe former aucune idée de la beauté & de la perfection de cette nature particuliere d'après la figure humaine ; les Peintres & les Sculpteurs ont, pour ainſi dire, créé ce genre de beauté ſur les principes mêmes de leur art : c'eſt le caractere que les anciens Payens donnoient à leur Jupiter, & que nos Artiſtes modernes ont donné à Jéſus-Chriſt. Quoique ces figures puissent paroître parfaites dans toutes leurs parties, elles sont cependant tellement disposées dans leur proportion, qu'on n'y reconnoît rien qui leur soit propre. On en voit quelques exemples antiques à Rome, tels que quelques statues de Jupiter & de Mercure, ainsi que celles d'Apollon & d'Antinoüs, dans les jardins du Vatican. On en trouve aussi un exemple moderne dans la figure du Christ qui se voit à Rome, dans le temple de la Minerve : ouvrage du célebre Michel-Ange Buonarotti. Voilà tout ce que j'avois à dire sur le cube.

Du cercle & du globe.

Le cercle est le second élément primitif du corps humain : il tire son origine de l'unité, c'est-à-dire, du point qui est son centre, lequel produit le cercle dans les superficies, & le globe dans les corps ; l'unité & la simplicité constituent son existence. C'est de ce cercle ou du globe parfait que dérive tout ce qui regarde la femme, ou tout ce qui est rond, flexible, tortu, courbe, &c. (1), comme l'élévation du dos, l'épaisseur des parties supérieures du corps, telles que la poitrine & les épaules ; & celle des parties inférieures, comme le ventre, les fesses, tout ce qui est charnu & musculeux, & tous les contours extérieurs & intérieurs, tant convexes que concaves. Le cercle contribue pareillement à

_____

(1) *Ex circulo, sive globo perfecto, fit omne fœmineum ac muliebre, & quidquid carnosum, torosum, flexum, tortum, curvatum, & incurvum est. Hâc formam ullam negat esse pulchriorém Plato. Cicero*, de naturâ Deorum, lib. I.

la formation des muscles qui font mouvoir les fourcils, & qui faillent fur le front; à celle des nés aquilins; à la rondeur des yeux, fans qu'il fe trouve aucun mufcle tombant par-deffus, ni aucun pli à la peau en cet endroit; à la barbe des machoires qui s'étend en largeur & qui forme un cercle autour de la face. La figure du cercle préfide auffi au chignon du col, qui eft très-charnu, ainfi qu'à l'emmanchement des épaules & à la tête entiere, au gofier fous le menton, qui eft charnu & entouré de barbe épaiffe, & à une infinité d'autres parties qui ont le cercle pour principe.

Du triangle & de la pyramide.

Le triangle, troifieme élément primitif du corps humain, tire fon origine du nombre ternaire, puifqu'il eft compofé de trois lignes. En effet, ayant difpofé trois points de façon qu'ils foient également éloignés l'un de l'autre, & les ayant joints par autant de lignes droites, il en réfulte une forme triangulaire qui eft la bafe de la pyramide. Le triangle eft donc l'élément des figures dans les furfaces planes, comme la pyramide dans les folides.

La pyramide eft une figure folide, qui d'une fuperficie plane s'éleve en maniere de faîte dont la pointe eft appellée cône ou fommet. On donne le nom de bafe à la partie inférieure de cette figure, d'où s'éleve peu à peu la grandeur de la pyramide, dont les lignes inclinées en maniere d'un cône forment une pyramide renfermée dans le contour de trois côtés égaux. Car, fur une bafe triangulaire, fi l'on éleve trois lignes droites qui fe joignent au fommet, elles doivent néceffairement produire trois triangles qui conftituent la pyramide. Cette figure domine fur toutes les parties de la figure humaine, comme on le verra dans les exemples ci-deffous; car elle donne au front toute fa largeur, aux tempes leur plénitude, aux joues leur diminution par le bas, aux yeux leur diftance, au nez fa largeur dans fa partie fupérieure qui va en diminuant vers la bouche. Le triangle donne aux épaules cette étendue par le haut du corps, formant une pareille figure, dont la pointe aboutit au nombril. Enfin il préfide à la largeur de toutes les parties du corps, tant fupérieures qu'inférieures, telles que le rétréciffement du ventre par en bas, la largeur de la cuiffe qui va en diminuant jufqu'au pied, comme une pyramide, ainfi que les épaules, les bras, les mains, & les doigts qui diminuent toujours de plus en plus. En un mot, le globe, ou le cercle eft l'élément de la tête; le cube celui du tronc, & la pyramide eft l'élément des bras & des jambes,

CHAPITRE II.

De la compoſition de la figure humaine.

LA forme virile eſt la vraie perfection de la figure humaine. L'idée parfaite de ſa beauté eſt l'ouvrage immédiat de la Divinité, qui l'a créée unique & d'après ſes propres principes. Comme il n'en a créé d'abord qu'une ſeule, la 2ᵉ, la 3ᵉ, la 4ᵉ, & toutes les autres créatures qui vinrent enſuite, ſe ſont écartées de plus en plus de cette premiere ſorrie des mains du Créateur, & elles ont dégénéré de ſon excellence primitive. Alors changeant de forme & de caractere, elles ont emprunté diverſes parties du lion, du taureau, & du cheval, qui ſurpaſſent tous les autres animaux par la force, le courage, & la grandeur du corps. Les exemples qui ſuivent démontreront le rapport que la figure de l'homme peut avoir avec ces animaux.

Le cube & le quarré ſont, comme on l'a déjà dit, les élémens primitifs de tout ce qui a de l'étendue dans le corps humain. Le triangle & la pyramide y préſident depuis les épaules juſqu'à la plante des pieds, ainſi qu'on l'a remarqué ci-devant, en parlant de la proportion élémentaire.

On voit en effet que, dans la figure humaine, toutes les parties ſupérieures ſont plus amples & plus larges, & qu'elles finiſſent en diminuant vers les extrêmités. Ainſi la forme pyramidale domine dans la figure de l'homme, & la cubique dans ſes mouvemens ; car ce n'eſt pas le même principe qui préſide à ſes actions & aux formes de ſa figure, comme on le prouvera ci-après dans les exemples qui accompagnent la deſcription du corps féminin.

Du rapport de la tête de l'homme avec celle de quelques animaux.

Le viſage de l'homme tient beaucoup de la tête du cheval ; cette reſſemblance eſt viſible dans la tête de Jules Ceſar, & ſur la planche I, où l'on peut remarquer comme le viſage qui tient du cheval doit être long & ovale, avec le nez long & droit, les oſſemens fortement reſſentis, la face dure, les joues de même, en conſervant pourtant quelque choſe de plus doux & de plus délicat.

Explication de la planche I.

1. L'avancement de la tête.
2. Le creux de la tête.
3. Le décharnement de la joue.
4. Le renflement de la joue.
5. L'égalité ou le plat de la joue.
6. La partie circulaire du deſſous de la tête.

Les planches II, III, & IV, font une confirmation des principes établis ci-devant, & font voir la reſſemblance du viſage de l'homme avec la tête du bœuf ou du taureau.

La planche V fait voir comment la tête d'Hercule, &

celle des Athletes, ou des hommes les plus vigoureux, eſt formée de celle du lion, mais avec tant d'art & d'adouciſſement qu'on a de la peine à s'en appercevoir.

On voit ſur la planche VI, que l'homme compoſé des élémens de l'univers, participe de tous les animaux; mais les traits qui en dérivent ſont ſi bien ménagés & tellement diſpoſés qu'on ne peut les diſtinguer, comme on vient de le dire. Cela ſe trouve ainſi dans l'homme parfait, en général; mais dans le particulier il y a toujours pour chaque homme quelqu'animal dont la reſſemblance domine en lui, & qui influe ſur ſon caractere.

Les planches VII & VIII, offrent une confirmation de ce principe dans les feſſes & les cuiſſes, ainſi que dans les bras & les épaules des hommes forts & nerveux, dont les muſcles apparens ont beaucoup de reſſemblance avec les mêmes parties des animaux ci-deſſus.

CHAPITRE III.

De la figure humaine conſidérée dans ſon repos.

UNE figure eſt dans ſon repos lorſque l'équilibre étant exactement gardé, elle ne ſe meut ni ne s'incline d'aucun côté, mais elle reſte conſtamment dans la ſituation où elle ſe trouve : c'eſt l'état des corps peſants & robuſtes. Nous en avons un très-bel exemple dans la ſtatue de l'Empereur Commode, qui ſe voit à Rome dans les jardins du Vatican, appellé vulgairement le Belvedere. Il y eſt repréſenté ſous l'habillement & la reſſemblance d'Hercule, portant un enfant ſur ſon bras gauche. On admire ſur-tout les attitudes des figures qui paroiſſent devoir s'arrêter, ou de celles qui ſemblent prêtes à quitter le repos pour ſe mettre en mouvement. On trouve un exemple digne des plus grands éloges de la premiere de ces attitudes dans la ſtatue d'Antinoüs (vulgairement le Lantin) que l'on voit à Rome, dans les mêmes jardins du Vatican, dont les membres ſont diſpoſés avec tant d'art qu'on croiroit que la figure va paſſer du mouvement au repos, & cela avec une vivacité & une promptitude extraordinaire.

On voit un exemple du ſecond genre dans toute ſa beauté & ſa perfeſtion dans la ſtatue d'Apollon qui eſt au même endroit, qui paroît vouloir ſortir de l'état de repos pour ſe mettre en mouvement. Il eſt bien ſurprenant que ces deux chef-d'œuvres inimitables de la plus ſavante antiquité aient pu ſe conſerver juſqu'à nous ſains & entiers au milieu des guerres cruelles, des pillages & des calamités ſans nombre qui ont ravagé l'Italie depuis tant de ſiecles, & qu'elles aient réſiſté à la ruine entiere & à la deſtruſtion de l'Empire Romain.

Il y a une autre attitude mixte qui participe de la figure debout & de celle qui eſt couchée : c'eſt lorſque la partie inférieure du corps, depuis la hanche ou le haut de la cuiſſe juſqu'à la plante des pieds, eſt ſoutenue ſur une ſeule jambe, la partie ſupérieure du corps ſe trouvant ſoutenue ſur quelque appui. Telles ſont la ſtatue d'Hercule qu'on voit dans la cour du palais Farnéſe : celle de Silène, nourricier de Bacchus, dans les jardins de Médicis, celle du Faune rêveur, au palais

Juſtinien : celle d'un autre Faune jouant de la flûte, dans la ville Borghèſe, & quantité d'autres ſtatues qu'on voit à Rome, leſquelles ſe repoſent plus ou moins ſur l'appui qui les ſoutient.

Baccio Bondinelli a repréſenté de même avec autant d'art que d'intelligence des hommes en diverſes attitudes, dans ſon tableau du maſſacre des Innocens, dont on connoît l'eſtampe. Les anciens nous ont auſſi laiſſé des ſtatues dans des attitudes différentes de celle qu'on vient de décrire, mais qui paroiſſent en plein mouvement. De ce nombre ſont la figure du Gladiateur dans la ville Borghèſe, qui d'un pas impétueux ſe prépare à porter un coup à ſon adverſaire, & pare en même tems celui qui le menace : ou bien, dans les jardins de Medicis, les enfans de Niobé, qui ſemblent vouloir s'enfuir pour ſe dérober à la fureur d'Apollon & de Diane qui les pourſuivent à coups de fleches. Telles ſont encore ces figures en action qu'on voit dans les repréſentations des batailles : celle d'Alexandre domptant le cheval Bucephale, au mont Quirinal à Rome, &c.

Des différentes ſtatues antiques.

Les Sculpteurs de l'antiquité ne ſe ſont pas renfermés dans les bornes étroites des exemples précédens, mais ils ont varié à l'infini les attitudes & les ajuſtemens de leurs ſtatues : ils ont repréſenté les unes debout & en repos, les autres courantes, d'autres aſſiſes. On a un exemple inimitable de cette derniere dans le grouppe fameux de Laocoon lié avec ſes enfans par des ſerpens monſ-

trueux qui s'entortillent autour de leurs corps, que l'on
voit au Belvedere dans les jardins du Vatican. Ce chef-
d'œuvre de l'art est préférable à tout ce que l'antiquité
a produit de plus beau, soit en peinture, soit en sculpture ; aussi bien que la statue de la mort qui se repose,
adoucie par les caresses de Cupidon, ou de l'Amour, dans
les jardins de Ludovise, à Rome.

On voit enfin des figures courbées, comme celle de
l'homme qui aiguise un fer, dans les jardins de Medicis :
celles des lutteurs, au même endroit. Des figures cou-
chées, comme on représente les Dieux-Fleuves : d'autres
qui paroissent dormir, comme celle de Cupidon, & celle
de l'Hermaphrodite, dans la ville Borghese, au-delà de
la porte appellée *Salaria* : des figures accablées de lan-
gueur, comme celle de Mirmille mourant, dans les
jardins de Ludovise : celle de Cléopatre expirante, au
Vatican : celle de Vénus languissante, dans la ville Borghese. On en voit enfin totalement dans les bras de la
mort, comme celle d'un des enfans de Niobé, dans les
jardins de Medicis, &c. Mais en voilà suffisamment pour
ce qui regarde les hommes ; parlons à présent des statues
de femmes.

Celle-ci differe de l'homme en ce qu'elle est plus
craintive & plus foible, parce que son centre de pesanteur, qui passe dans le nœud de la gorge, ne répond pas
exactement & perpendiculairement au centre d'équilibre qui doit se trouver au milieu du bas de la jambe,
comme cela se voit dans l'homme debout & en repos :
au lieu que dans la femme, la ligne perpendiculaire
abaissée du nœud de son gosier, va aboutir à l'intérieur

du talon du pied qui ſoutient le poids du corps, comme on peut le voir dans la ſtatue de Vénus heureuſe, appellée auſſi Vénus céleſte, & de la Vénus ſortant du bain ; toutes les deux dans les jardins du Vatican ; & dans beaucoup d'autres figures de femmes. En un mot, on peut remarquer dans la belle ſtatue de Vénus Aphrodite, ou la Grecque, qui eſt à Rome, dans les jardins de Medicis, l'aſſemblage complet de toutes les beautés & perfeƈtions qu'on peut deſirer dans une femme.

Parmi le grand nombre de ſtatuës différentes qui ſe voient de toutes parts dans la ville & dans les fauxbourgs de Rome, ainſi que dans ſes jardins, villes, palais, & maiſons de particuliers, nous allons paſſer en revue celles qui tiennent le premier rang, & qu'on regarde à juſte titre comme autant de modeles de perfeƈtion, afin que ceux qui cherchent à connoître ce qu'il y a de plus beau & de plus ſavant dans la ſculpture & la peinture, tant pour le deſſein & la juſte proportion des membres, que pour les mouvemens, les attitudes, & les différens contours des figures qui conſtituent la beauté du corps humain, puiſſent les admirer, meſurer, & rechercher ſoigneuſement dans toutes leurs parties, & prendre de chacune ce qui eſt ſuſceptible d'imitation. Nous commencerons par les ſtatues d'hommes.

La ſtatue d'Hercule, au palais Farnèſe : celle de l'Empereur Commode, ſous la figure d'Hercule, au Belvedere : celles d'Antinoüs & d'Apollon, au même endroit : la fameuſe ſtatue de Laocoon aſſis, avec ſes deux enfans embarraſſés dans les nœuds des ſerpens : celle du Gladiateur, à la ville Borghèſe, à Rome.

Pour les statues de femmes, une seule nous suffira : c'est celle de Vénus Aphrodite, au palais de Medicis. On croit que les artistes pourront profiter beaucoup de l'examen réfléchi de ces statues de l'un & de l'autre sexe, qui sont autant de modeles de la plus grande perfection. On se contentera donc des exemples que nous venons de rapporter ; car si l'on vouloit s'étendre sur les beautés de toutes ces figures, cela iroit à l'infini. Nous traiterons ci-après tout ce qui regarde la distinction de ces différentes statues consacrées par l'antiquité, par leur grandeur & par les personnages auxquels elles étoient dédiées ; d'autant plus que cette partie regarde plutôt l'histoire que l'art de la sculpture.

De la pondération.

De l'inégalité du poids dans la figure humaine, naît le mouvement, ainsi qu'on le voit par cette figure Ire de la planche IX, qui se trouve forcée ou de se mouvoir, ou de tomber. Dans tout mouvement, soit prompt ou retardé, l'homme a toujours la partie supérieure du corps plus penchée du côté sur lequel il s'appuie : & l'épaule est plus basse & plus affaissée du côté qui répond au pied où l'attitude est fixée, & qui sert de soutien à tout le corps.

La figure II de la même planche fait voir la posture de l'homme debout sans mouvement, où l'épaule est toujours plus basse du côté de la jambe sur laquelle la figure est posée. Or le repos ou la privation de mouvement provient de l'égalité de la pondération sur le centre. Pour

la trouver, il faut abaiſſer du nœud de la gorge une perpendiculaire ſur le milieu du bas de la jambe, où eſt le
centre d'équilibre du poids ſupérieur, diviſé également:
de ſorte que le centre de peſanteur réponde perpendiculairement au centre d'appui.

La figure III repréſente la maniere dont tous les membres d'une figure doivent être diſpoſés, pour qu'en flé-
chiſſant le corps, l'homme puiſſe retourner la tête en
arriere & regarder ſes talons. C'eſt la plus grande con-
torſion dont il ſoit capable ; & cela ne ſe fera point ſans
peine & ſans qu'il plie les genoux & les hanches en ſens
contraire, & qu'il n'abaiſſe beaucoup l'épaule du côté
où il regarde en bas.

Lorſqu'on porte les bras derriere le dos, ſur les reins,
les coudes ne peuvent jamais s'approcher plus près que
de la longueur depuis le coude juſqu'au bout du plus
long doigt de la main : les bras étant ainſi placés, la partie ſupérieure du corps, vu par derriere, forme un quarré
parfait. *Planche X, fig. I.* La plus grande extenſion du
bras deſſus l'eſtomach eſt de pouvoir faire arriver le
coude juſqu'au milieu du corps. Alors en appuyant la
main ſur l'épaule, & le coude ſe trouvant au milieu
de la poitrine, les deux épaules & les deux parties du
bras plié forment un triangle équilatéral. *Planche X,
fig. II.*

Lorſque l'homme ſe diſpoſe à frapper un coup avec
violence, il ſe plie & ſe détourne autant qu'il peut du
côté oppoſé à celui où il a deſſein de frapper. Alors il
recueille toute la force dont il eſt capable, pour la
porter & la décharger enſuite ſur la choſe qu'il veut

C

atteindre, par un mouvement compofé. *Voyez la fig. III, même planche.*

Les planches XI & XII repréfentent le corps humain debout, en diverfes poftures & attitudes, foit droites ou penchées.

On voit fur la planche XIII diverfes ftatues antiques, telles que celles d'Hercule du palais Farnèfe, de l'Empereur Commode fous la figure d'Hercule, &c.

Les planches XIV & XV offrent différentes figures dans des attitudes très-variées, les unes debout, les autres courantes, d'autres à genoux, &c.

CHAPITRE IV.

De la figure humaine confidérée dans fes mouvemens.

LES mouvemens du corps humain peuvent fe rapporter à cinq efpeces différentes ; favoir : le mouvement naturel, le mental, le corporel, le mixte, & le local.

On appelle mouvement naturel, celui par le moyen duquel un corps peut s'accroître & décroître : ce mouvement n'eft d'aucune utilité aux artiftes.

Le mouvement purement mental deftitue tellement le corps de toute action, qu'il paroît comme s'il étoit mort. En effet, comme il agit en négligeant abfolument tout mouvement extérieur, les membres du corps languiffent, & font dans un état de repos ; enforte qu'il ne donne aucun figne de vie ou de refpiration.

Le mouvement purement corporel ne produit que

des geftes vuides de fens, tels que ceux d'un infenfé, ou d'un homme ivre, ou dans le délire.

Le mouvement devient mixte quand le corporel eft joint au mental. Dans cette réunion, avant toutes chofes, les regards de la figure fe dirigent vers l'objet fur lequel l'efprit a réfolu de faire agir le corps. Enfuite ; peu à peu, les membres fe difpofent conformément au mouvement mental, afin qu'agiffant par des attitudes convenables, ils faffent ce que la penfée propofe à exécuter.

Le mouvement local eft celui par lequel un corps fe tranfporte d'un lieu dans un autre. Il fe fait ou volontairement, ou avec précipitation, ou gravement & pas à pas, ou violemment, étant enlevé, ou entraîné, ou porté. Les artiftes doivent s'appliquer fur-tout à bien connoître tous ces mouvemens que nous allons expliquer dans les exemples fuivans.

Application des principes du mouvement à des exemples.

Un artifte trouve beaucoup de difficulté à bien exprimer la fierté, la promptitude, la vivacité, l'agilité, l'effort, & autres chofes femblables, d'un athlete plein d'ardeur & de courage, dans lequel il faut faire paroître de la force, & non pas de la roideur; d'autant plus que toute roideur dans les membres fait toujours un mauvais effet, à moins qu'il ne s'agiffe d'un corps mort.

L'homme qui fe prépare pour frapper un coup violent, ou pour lancer un trait loin de lui & avec force, détourne la partie fupérieure de fon corps depuis les épaules jufqu'au nombril, & la dérobe totalement à l'objet qu'il menace ou qu'il a deffein de frapper. Il lui préfente feulement la partie inférieure de fon corps en contrafte avec la fupérieure, autant qu'il en eft befoin pour pouvoir fe remettre dans fa fituation naturelle, en retirant fon bras & la partie fupérieure de fon corps, qui en font violemment écartés, pour produire un mouvement plus fort.

On voit fur la planche XVI deux exemples de ce même mouvement, qui font très-différens foit en action ou en puiffance. La figure marquée A eft difpofée pour frapper avec plus de violence, parce que la partie inférieure du corps en contrafte avec la fupérieure, eft tournée du côté de l'objet de façon à pouvoir retirer la fupérieure avec plus de vîteffe. Cette promptitude & cette rapidité font que le corps lancé en acquiert une plus grande force, & eft envoyé plus loin. La figure B, où la partie inférieure du corps n'eft pas affez en contrafte avec le bras qui fe prépare à lancer quelque chofe, eft dans une pofture bien moins commode, & ne produira qu'un foible effort : le mouvement qui en réfultera doit participer de la foibleffe de fa force motrice, laquelle eft beaucoup moindre dans cette figure que dans la précédente, parce qu'elle ne s'élance pas avec affez de violence. On peut comparer ce mouvement à celui d'un arc qui, n'étant que médiocrement tendu, pouffera moins loin le trait qu'il doit lancer. Car de la rupture violente naît la rapidité du mouvement : s'il n'y a point de violence, il ne peut pas y avoir de rupture, & par conféquent point de mouvement rapide. D'où il fuit que la figure A agit plus puiffamment que la figure B.

Il y a une attitude qui n'eſt pas ordinaire, c'eſt lorſ-que l'épaule eſt penchée du côté dont le pied ne ſou-tient pas le poids du corps : alors toute la force de l'é-quilibre de la figure ſe trouve dans la hanche & dans les reins. *Voyez la figure A de la planche XVII.*

L'homme eſt dans une attitude douteuſe lorſqu'il porte ſur les deux pieds : c'eſt la poſture ordinaire des perſon-nes languiſſantes de maladie, ou fatiguées par un travail exceſſif, ou bien accablées d'une vieilleſſe décrépite. C'eſt auſſi celle des enfans, qui n'ont point une conte-nance aſſurée. *Voyez la figure B, même planche.*

Celui qui marche contre l'effort d'un vent violent, n'obſerve pas les regles de la pondération pour tenir ſon corps en équilibre, perpendiculairement ſur ſon centre d'appui : mais il ſe penche d'autant plus en avant que le vent ſouffle avec plus de violence. *Même plan-che, fig. C.*

L'homme a plus de force pour tirer que pour pouſſer, parce qu'en tirant, les muſcles des bras s'y joignent en-core, leſquels n'ont de force que pour tirer ſeulement, & non pour pouſſer. Cela vient auſſi du muſcle A B (planche XVIII, figure d'en bas) qui ſert à fléchir le bras, qui eſt plus fort & plus éloigné du pôle du coude, étant en-deſſus du bras, que le muſcle D E qui eſt en-deſſous, qui étend le bras, & qui eſt plus foible, étant plus proche du centre du même coude C. Ce mouve-ment eſt produit par une force ſimple qui eſt celle des bras, & auſſi par une force compoſée, lorſqu'à la puiſ-ſance des bras on ajoute celle du poids de tout le corps, comme on le verra dans l'exemple de la planche ſuivante.

On voit fur cette planche XIX, que ces deux hommes agiſſent plus puiſſamment que dans l'exemple précédent, parce qu'ils joignent ici à la force des bras le poids de tout le corps, & de plus la force des reins, des jambes, & des jarrets. On y voit auſſi la différence de celui qui pouſſe d'avec celui qui tire à lui : en ce que pour tirer, outre le poids du corps, la force des bras s'y joint, ainſi que celle de l'extenſion des jambes & de l'échine, & encore celle des muſcles de l'eſtomach, plus ou moins, ſelon que l'attitude oblique de l'homme y eſt néceſſaire : au lieu que lorſqu'un homme pouſſe quelque choſe, quoique les mêmes parties y concourent, néanmoins la force des bras y eſt ſans aucun effet, parce qu'à pouſſer avec un bras étendu tout droit & ſans mouvement, cela n'aide en rien davantage que ſi l'on avoit un morceau de bois entre l'épaule & la choſe que l'on pouſſe.

La planche XX repréſente diverſes figures nues & habillées, dans l'attitude de courir.

Des figures qui portent quelque choſe.

L'épaule ſur laquelle un homme porte un fardeau eſt toujours plus haute que l'autre, comme ſi elle s'efforçoit de s'élever contre le poids qui la preſſe. Dans toutes les figures chargées, la nature oppoſe d'un côté autant de poids naturel qu'il ſe trouve de poids accidendel de l'autre côté, de maniere que le centre de peſanteur, ſoit naturel ou artificiel, doit répondre perpendiculairement ſur le centre d'équilibre : ſans quoi, la figure ne pouvant ſe ſoutenir, tomberoit infailliblement. Voyez les figures 1 & 2 de la planche XXI. C'eſt ce que Léonard de Vinci explique en ces termes :

Toujours l'épaule de l'homme qui porte un fardeau eſt plus haute que l'autre épaule qui n'eſt point chargée ; & cela ſe voit en la figure ſuivante (planc. 21. fig. 2), par laquelle paſſe la ligne centrale de toute la peſanteur du corps de l'homme & de ſon fardeau, lequel mélange & compoſition de peſanteur, ſi ce n'eſt qu'il ſe partage avec une égale pondération ſur le centre de la jambe qui ſoutient le faix, il faudroit néceſſairement que tout s'en allât par terre. Mais la nature, en cette néceſſité, pourvoit à faire qu'une pareille partie de la peſanteur du corps de l'homme, ſe jette de l'autre côté oppoſite à ce fardeau étranger, pour lui donner l'équilibre & le contrepoids : & cela ne ſe peut faire ſans que l'homme vienne à ſe courber du côté le plus léger, juſqu'à ce que par cette courbure il le faſſe participer à ce poids accidentel dont il eſt chargé. Et cela encore ne ſe peut faire ſi l'épaule qui ſoutient le faix ne ſe hauſſe, & que l'épaule légere & ſans charge s'abaiſſe : & c'eſt l'expédient dont l'induſtrieuſe néceſſité ſe ſert en une telle rencontre. *Léonard de Vinci, chap. CC.*

La figure 1ʳᵉ de la même planche fait voir que l'homme qui marche, chargé ou non, doit avoir le centre de ſa peſanteur ſur le centre de la jambe qui poſe à terre.

La pondération, ou l'équilibre de la figure humaine, ſe diviſe en deux parties ; ſavoir le ſimple & le compoſé : l'équilibre ſimple eſt celui que l'homme fait demeurant debout ſur ſes pieds ſans ſe mouvoir. Par l'équilibre compofé, on entend celui que fait un homme lorfqu'il a fur lui quelque fardeau, & qu'il le foutient par des mouvemens divers, comme en la figure 3 de cette même planche, repréfentant Hercule qui étouffe Anthée, lequel l'ayant foulevé de terre, & le ferrant avec fes bras contre la poitrine, il faut qu'il fe donne en contrepoids autant de charge de fes propres membres derriere la ligne centrale de fes deux pieds, comme le centre de la pefanteur énorme d'Anthée eft en devant de la même ligne centrale des pieds. *Léonard de Vinci, chapitre CCLXIII.*

Des Athletes.

La démarche des Athletes a quelque chofe de plus fier & de plus fublime que celle des autres hommes. Virgile en a fait des peintures dignes d'admiration dans le cinquieme livre de l'Enéide. Voyez les figures de Darès & d'Entellus, marquées A & B, fur la planche XXII.

> *Talis prima Dares caput altum in prælia tollit,*
> *Oftenditque humeros latos, alternaque jaclat*
> *Brachia protendens, & verberat iclibus auras.*

C'eft ainfi que Darès élevant fa tête orgueilleufe, s'avance fièrement dans l'arêne, & fe préfente le premier au combat. Il découvre fes larges épaules, il étend fes bras nerveux, & les agitant alternativement, il frappe l'air à coups redoublés.

Hæc

Hæc fatus, duplicem ex humeris dejecit amictum :
Et magnos membrorum artus, magna ossa, lacertosque
Exuit, atque ingens mediâ consistit arenâ.

A ces mots Entellus ayant jetté bas le vêtement qui lui couvroit les épaules, fait voir les fortes jointures de ses membres, ses grands os, & ses bras vigoureux : il marche audacieusement, & paroît comme un géant au milieu de l'arène.

Constitit in digitos extemplò arrectus uterque ;
Brachiaque ad superas interritus extulit auras.
Abduxere retrò longè capita ardua ab ictu ,
Immiscentque manus manibus , pugnamque lacessunt.

Aussitôt les deux Athletes se dressent sur la pointe des pieds, & d'un air intrépide ils élevent les bras en l'air pour se frapper : chacun retire adroitement sa tête en arriere pour la dérober aux coups furieux de son adverfaire. Ils s'approchent, ils se joignent, & se saisissant l'un l'autre par les mains , le combat commence.

Dixit , & adversi contrà stetit ora juvenci ,
Qui donum astabat pugnæ ; duros que reductâ
Libravit dextrâ media inter cornua cestus
Arduus , effrato que illisit in ossa cerebro.
Sternitur , exanimis que tremens procumbit humi bos.

Virgil. Æneid. lib. V.

Il dit, & s'avançant vis-à-vis le taureau qui étoit le prix de sa victoire, il leve son bras redoutable armé du ceste, il s'élance, & balançant son coup, il le frappe avec force entre les deux cornes : le crâne brifé s'en-

D

fonce dans la cervelle : l'animal tremble, chancelle, & tombe mort fur la place. *Eneid. liv. V.*

Daniel de Volterre a très-bien repréfenté les Lutteurs; premiérement, lorfqu'ils fe menacent, lorfqu'ils s'approchent, lorfqu'ils en viennent aux mains, &c. Voyez les deux figures marquées A, & le grouppe B, fur la pl. XXIII.

Les Athletes fe préfentoient au combat le corps nud, la peau graffe, frottée & dégouttante d'huile. C'eft ainfi, au rapport de Vitruve, que l'architecte Dinocrate fe préfenta devant Alexandre : il étoit nud, à la maniere des Athletes, le corps luifant d'huile, ayant fur la tête une couronne de peuplier, portant fur l'épaule gauche la dépouille d'un lion, & tenant de la main droite une forte maffue hériffée de nœuds. *Vitruve, Préface du Livre II.*

Il y avoit une loi chez les Lacédémoniens qui leur défendoit de fe livrer à une certaine moleffe, ou d'acquérir un embonpoint capable de nuire aux exercices qu'ils étoient obligés de faire.

On voit fur la planche XXIV Laocoon qui s'efforce de fe débarraffer du ferpent qui l'environne : Hercule portant un fanglier d'une grandeur énorme ; & le même foulageant Atlas du poids immenfe de l'atmofphere. Ovide en parle dans ces termes, (liv. II de fes métamorphofes).

Atlas en ipfe laborat,
Vix que fuis humeris candentem fuftinet axem.

Ovid. metam. lib. II.

Voyez Atlas lui-même prêt à fuccomber fous le poids

énorme du globe céleste qu'il porte sur ses épaules.

Mole sub immensâ postquam deficitur Atlas,
Traditur Herculeis viribus iste labor.

Lorsqu'Atlas, fatigué du poids immense de l'atmosphere, commençoit à s'affoiblir, ce travail trop pénible pour lui fut confié aux forces invincibles du vigoureux Hercule.

La planche XXV représente quelques figures assises & dans le repos.

On voit sur les planches XXVI & XXVII, plusieurs figures d'hommes couchés par terre, morts, ou expirans; tels que Darès, vaincu & terrassé par Entellus; Virgile le représente ainsi à demi mort.

Jactantemque utroque caput, crassum que cruorem
Ore rejectantem, mixtosque in sanguine dentes.
Virgil. Æneid. lib. V.

Il agite, dit-il, sa tête de côté & d'autre, vomissant un sang épais : les dents lui sortent de la bouche mêlées avec des flots de sang.

A la fin du combat d'Enée contre Turnus, il termine ainsi son admirable poëme :

Hoc dicens, ferrum adverso sub pectore condit
Fervidus. Ast illi solvuntur frigore membra,
Vitaque cum gemitu fugit indignata sub umbras.
Virgil. Æneid. lib. XII.

A ces mots, Enée, transporté de colere, lui enfonce son épée dans le milieu de la poitrine. Alors un froid mortel s'empare de Turnus, & lui glace le sang dans les veines, ses membres se roidissent, il rend les derniers soupirs, & son ame indignée s'échappe dans les airs en poussant de longs gémissemens. *Virgile, ibid.*

Les planches XXVIII & XXIX représentent des hommes crucifiés, & concourent, avec les deux planches précédentes, pour démontrer que la ligne droite est l'élément des corps morts : & c'est le seul cas où il soit convenable de faire paroître de la roideur dans les membres, comme on l'a déjà observé ci-devant.

On voit sur les planches XXX & XXXI diverses attitudes d'anges volans, & de figures enlevées sur des nuages.

La planche XXXII offre une composition de Rubens, imitée d'un bas relief antique où l'on voit un Satyre fustigé par un autre Satyre en l'honneur du Dieu des Jardins.

CHAPITRE V.

Des différentes especes de statues des anciens.

Nous distinguons sept especes de statues ; savoir, les pareilles, les grandes, les plus grandes, les très-grandes, les petites, les plus petites, & les très-petites.

On appelle statues pareilles, quand les personnages qu'elles représentent sont dans leurs proportions naturelles. On éleve celles-ci aux gens d'un mérite distingué, & aux sages ou philosophes de réputation. On pourroit, par exemple, en dresser de semblables à Armodius,

Ariſtogone , Homere, Solon, Hippocrate, Gorgias , Beroſe, Pythagore, Platon, Brutus, Quintus Mucius , à Clélie , femme forte, aux Catons, à Quintus Ennius, Marcus Varron, Virgile, Ciceron , & autres perſonnages illuſtres.

Les ſtatues ſont dites grandes lorſqu'elles excedent de moitié la proportion ordinaire : on les a appellées Auguſtes, parce qu'on en éleve de pareilles aux Rois & aux Empereurs, comme à Phoronée, Lycurgue, Thémiſtocle, Xercès, Alexandre, Romulus, Numa , Tatius, Cneius Pompée, Céſar, Auguſte, & aux autres Empereurs Romains qui ont été élevés au rang des Dieux. C'eſt dans cette idée, à ce que je penſe, que la Reine Didon, prête à rendre les derniers ſoupirs, s'écrie :

« Mon image périra donc avec moi dans le tombeau » !

Et nunc magna mei ſub terras ibit imago !

Elle ſemble ſe plaindre par-là de ce qu'on refuſera de lui ériger une ſtatue , & de faire ſon apothéoſe après ſa mort, parce que c'étoit l'uſage parmi les anciens de ne point accorder cet honneur à ceux qui s'étoient donné volontairement la mort.

Les ſtatues plus grandes étoient d'une proportion double de la grandeur ordinaire : on en érigeoit ſeulement aux héros, comme à Bacchus, Hercule, Theſée , & à d'autres ſemblables.

Les ſtatues très-grandes ſont du triple de la grandeur ordinaire de la figure humaine. On leur a donné le nom de *coloſſes*, ſoit parce qu'elles ſont creuſes au-dedans, soit que ce nom dérive des deux mots grecs κόλος, *magnus*, & ὄσσος, *oculus*, comme si l'on disoit grand à la vue : d'autres disent que ces statues ont été ainsi appellées du nom d'un certain *Colossus*, leur inventeur. Quoi qu'il en soit, ces statues colossales ne conviennent qu'aux Dieux les plus puissants, tels que Jupiter, Minerve, Apollon, Mars, & aux autres Divinités semblables ; c'est donc mal à propos que des Empereurs Romains, & quelques Rois parmi les nations barbares, ont prétendu à cet honneur, ainsi qu'à celui des arcs de triomphe, au rapport de Pline, qui assure que l'Empereur Neron avoit ordonné qu'on le peignît sur de la toile, dans une proportion colossale de CXX pieds de hauteur. *Pline, liv. XXV, chap. VII.* Il dit aussi que Phidias avoit fait deux figures en manteau, que Catulus plaça dans le temple de la Fortune à Rome, avec une autre figure colossale qui étoit nue. *Pline, liv. XXXV, chap. VIII.* Il y avoit à Rhodes une statue colossale du Soleil, faite en airain par Charès, éleve de Lysippe, qui avoit LXX coudées de haut. Elle étoit située à l'entrée du port de Rhodes, & les navires passoient à pleines voiles entre ses jambes. Elle a été regardée à juste titre comme une des sept merveilles du monde. Nous en parlerons ci-après plus au long.

On appelle petites statues celles qui sont au-dessous de la grandeur humaine : voici leurs proportions. Divisant la hauteur ordinaire de l'homme en quatre parties égales, on donne trois de ces parties à la statue, qui se trouve alors d'un quart plus petite que celles qu'on nomme pareilles.

Les statues sont dites plus petites lorsque leur hauteur est réduite à la moitié de la grandeur ordinaire de la figure humaine. Celles qu'on appelle très-petites, n'ont que le quart de cette même hauteur.

Voici, ce me semble, la raison de cette diversité de grandeur dans les statues. La disette du métal, ou la facilité du transport a occasionné les petites : la magnificence, ou la dignité du personnage qu'on vouloit représenter, en a fait élever quelques-unes jusqu'à la hauteur de cent coudées, & davantage. N'est-il pas juste en effet que ceux qui ont dominé sur les autres pendant leur vie par leur courage, ou par la dignité de leurs emplois, l'emportent aussi après leur mort sur le commun des hommes par la grandeur & l'excellence des monumens qu'on leur éleve ? C'est ce qu'Homere veut faire entendre par les vers suivans, lorsqu'il nous représente la Déesse Pallas ornant Ulysse d'un riche habillement.

Olli multiplicem ex humeris Tritonia pallam

Componens, auxit corpus, lætamque juventam (1).

La Déesse Pallas lui mettant sur les épaules un manteau à grands plis, augmente la majesté de son corps, & semble le rajeunir ; & il ajoute peu après : comme s'il paroissoit lui-même admis déjà au nombre des Dieux.

Virgile a trouvé une expression aussi heureuse dans la peinture qu'il nous fait de l'étonnement de Didon,

---

(1) Ces vers sont tirés d'une traduction des deux premiers livres de l'Iliade en vers latins, faite par *Camerarius*, *in-quarto*, imprimée à Strasbourg en 1538.

Reine de Carthage, à l'afpeƈt d'Enée fortant de la nuée dont il avoit été enveloppé par fa mere Venus, qui avoit eu foin d'embellir fes attraits, pour le faire aimer de Didon.

Reftitit Æneas, claraque in nube refulfit,
Os humerofque Deo fimilis : namque ipfa decoram
Cæfariem nato genitrix, lumenque juventæ
Purpureum, & lætos oculis afflarat honores.

Enée s'arrêta, & parut devant la Reine avec le plus grand éclat, au milieu de la nuée brillante dont il étoit environné. Il avoit le port & la majefté d'un Dieu ; car la Déeffe fa mere avoit pris foin d'embellir fa longue chevelure, & elle avoit répandu une beauté raviffante & les graces de la jeuneffe dans fes yeux & dans tous les traits de fon vifage. *Eneid. liv. I.*

Xenophon rapporte que Cyrus, après la célebre viƈtoire qu'il remporta fur les Affyriens, étoit très-attentif à tout ce qui pouvoit contribuer à la beauté & à la majefté de fon corps. Et nous lifons dans Quint-Curce que Thaleftris, Reine des Amazones, conçut du mépris pour Alexandre le Macédonien quand elle vit la petiteffe de fa taille, & que ce fut la raifon qui détermina ce vainqueur de l'Afie à fe faire ériger, dans l'endroit où il avoit campé, une ftatue plus grande que le naturel: étant perfuadé que cette ftatue de grandeur extraordinaire exciteroit davantage l'admiration de la poftérité.

Je penfe auffi que c'eft dans la même intention que l'on a érigé à nos Empereurs des ftatues plus grandes que le naturel. Et cela ne vient pas tant (comme le penfe le vulgaire) de ce que fi on les eût faites de la proportion

ordinaire,

ordinaire , elles auroient paru trop petites , étant placées fur un monument élevé , que parce que cette grandeur furnaturelle leur donne plus de dignité & de
majefté.

Les ftatues que l'on confacre aux Dieux , foit de grandeur ordinaire , foit plus grandes , ont été appellées
par les Latins , *fimulachra* , Idoles : telles font celles de
Mars , de Venus , de Minerve , de Cupidon , de la
Bonne-Foi , de la Fortune , & des autres Divinités qui
n'ont point la forme ordinaire de nos corps. Les ftatues
pour les héros ou les demi-dieux, ont été appellées ξόανς,
c'eft-à-dire , faites au cifeau , ou en ôtant de la matiere ,
comme on travaille les figures en marbre , en pierre, en
bois, &c. Ce nom a été donné d'abord à toutes les ftatues en général , fur-tout à celles des Divinités Egyp-
tiennes.

Les ftatues des Rois étoient appelllées ανδριαντας , *ftatuæ* :
celles des fages , εικελυς , *fimiles* : celles qu'on érigeoit aux
gens de mérite , ou qui avoient rendu quelque fervice
effentiel à la République , βροτυς , *humanæ*. On donnoit le
nom de εικονιχης , *ad fimilitudinem expreffæ* , aux figures
dont les traits du vifage étoient reffemblans , foit en
fculpture , foit en peinture : les Latins les ont appellées
du nom général *imagines* , reffemblances. En vain cher-
cheroit-on des noms particuliers pour les autres ftatues ;
à moins qu'on ne veuille les appeller toutes *effigies* , re-
préfentations. Car le mot figure ne convient qu'au contour d'un homme , d'un cheval , ou de toute autre
chofe , tracée fur une furface plane.

Du tems d'Homere , les Grecs appelloient ἀγαλματα ,

simulachra, tous les ornemens qui étoient exposés dans les temples aux yeux des spectateurs ; & ils en ont d'autant mieux retenu le nom, que par la suite, presque tous les ornemens de ces endroits consacrés aux Dieux ne consistoient guere que dans des statues.

Toutes les statues dont la grandeur étoit au-dessus de celle d'un homme ordinaire, s'appelloient en général *signa*, statues : celles qui étoient plus petites, *sigilla*, petites statues. Il y avoit aussi d'autres figures qui ne représentoient point le corps humain en entier, que les anciens appelloient *hermæ*, *seu stemmata*, bustes de Mercure, ou images des ancêtres. Ces bustes étoient portés sur des troncs quarrés, les uns plus longs, les autres plus courts, dont la plupart alloient en diminuant, en forme de gaînes par le bas ; les modernes leur ont donné le nom de Termes : on pouvoit en changer la tête à volonté. Il y avoit une grande quantité de ces bustes qui représentoient pour l'ordinaire une tête de Mercure, d'où ils ont tiré leur nom : Hermes, en grec ἑρμῆς, voulant dire Mercure. On mettoit beaucoup de ces figures autour des tombeaux, pour conserver la mémoire de ceux qui y étoient renfermés. On avoit coutume de placer les statues des ancêtres, en latin *stemmata*, dans les vestibules, ou dans les salles qui étoient à l'entrée des maisons ; c'étoient les marques de noblesse & d'ancienneté de la maison, avant l'invention des armoiries : ils consistoient en de simples bustes, dont on ne voyoit que la tête, & dont le col étoit coupé au haut des épaules & de la poitrine.

Divers extraits de l'histoire naturelle de Pline, sur les statues des anciens.

Le bronze fut employé communément aux statues des Dieux. La première que je trouve avoir été faite à Rome de ce métal, est celle de Cerès : les frais en furent pris sur les biens de Spurius Caffius, qui, aspirant à la royauté, fut tué par son pere. Des Dieux, l'airain passa aux statues des hommes, & à des représentations diverses. Les anciens leur donnoient une teinte avec du bitume, d'où il est d'autant plus surprenant qu'ensuite on se soit plu à les dorer. Je ne sais si cette invention est romaine, mais elle n'est pas ancienne parmi nous. On n'élevoit des statues qu'à ceux dont quelques actions méritoient l'immortalité. Ce fut d'abord pour les victoires dans les jeux sacrés, & sur-tout les jeux olympiques, où c'étoit la coutume d'élever une statue aux vainqueurs. Pour ceux qui avoient vaincu trois fois à ces mêmes jeux, leurs statues étoient ressemblantes dans les différentes parties du corps, c'est pourquoi on les appelloit εἰκονικὰς, *similes*, ressemblantes. Je ne sais si ce ne sont pas les Athéniens qui les premiers ont élevé des statues, par autorité publique, aux Tyrannicides Harmodius & Aristogiton ; ceci arriva la même année que les Rois furent chassés de Rome. Par une louable émulation, cet usage fut ensuite universellement adopté : dès-lors les places publiques des villes municipales furent ornées de statues : & par des inscriptions sur leur base, on perpétua la mémoire & les dignités des grands hommes; enforte que les tombeaux ne furent plus les feuls monumens de leur fouvenir. Bientôt les maifons des particuliers & les galeries devinrent des places publiques. Ce fut ainfi que le refpeê des cliens pour leurs patrons imagina de les honorer. *Liv. XXXIV, chap. IV, fect. IX.*

Les ftatues ainfi dédiées étoient anciennement vêtues de la toge : on fe plut auffi à faire des figures nues, tenant une pique : elles repréfentoient les jeunes gens qui s'exerçoient dans les gymnafes, & fe nommoient Achilléenes. L'ufage grec eft de ne rien voiler, le romain eft au contraire d'ajouter une armure fur la poitrine des ftatues des militaires. Cefar, étant Diêateur, fouffrit que dans la place qui porte fon nom on lui en élevât une cuiraffée ; car celles qui font couvertes à la maniere des Lupercales font auffi nouvelles que celles qui ont paru depuis peu vêtues d'un manteau. Mancinus fe fit repréfenter dans le même état où il fe trouva lorfqu'il fut livré aux Numantins : il étoit nud, les mains liées derriere le dos. Nos écrivains ont remarqué que le poëte L. Accius fit placer dans le temple des Mufes fa ftatue d'une taille fort grande quoiqu'il fût fort petit. Quant aux ftatues équeftres, fi recommandables chez les Romains, leur origine vient certainement des Grecs ; mais les Grecs commencerent par celles à un feul cheval, pour les vainqueurs dans les jeux facrés : ceux qui avoient vaincu à deux, ou à quatre chevaux, en confacrerent enfuite avec le même nombre : d'où eft venu chez nous l'ufage d'ajouter même un char aux ftatues des triomphateurs. Celui des chars à fix chevaux, ou attelés d'éléphans, eft venu plus tard, & ne parut que fous Augufte. *Chap. v , fect. x.*

L'ufage de repréfenter fur un char à deux chevaux ceux qui, après leur prêture, avoient fait le tour du cirque, n'eft pas non plus fort ancien : celui des ftatues pofées fur des colonnes l'eft davantage. Nous en avons un exemple dans celle de C. Mœnius, vainqueur des anciens Latins, auxquels, fuivant le traité, le peuple Romain donnoit la troifieme partie du butin des vaincus. Ce fut lui qui dans fon Confulat, l'an de Rome 416, fufpendit à la tribune aux harangues les proues des vaiffeaux pris aux Antiates qu'il avoit vaincus. Caïus Duillius reçut le premier les honneurs du triomphe naval pour fa victoire fur la flotte des Carthaginois : fa ftatue eft encore aujourd'hui dans la grande place. On y voit auffi celle de P. Minucius, intendant des vivres. Elle lui fut élevée hors la porte Trigeminienne, & la dépenfe en fut prife fur une contribution que fit le peuple. J'ignore fi ce fut le premier honneur de cette efpece accordé par le peuple : le Sénat l'avoit décerné auparavant. Belle coutume, fi elle n'eût pas commencé pour des fujets frivoles ! Car on avoit élevé à Attus Navius, devant le Sénat, une ftatue dont la bafe fut brûlée dans l'incendie qui le confuma aux funérailles de Publius Clodius. On en érigea une, par décret public, à Hermodore, Ephéfien, dans la place des Comices, parce qu'il interprétoit les loix qu'écrivoient les Decemvirs. On érigea une ftatue à M. Horatius Coclès, pour une autre raifon, & mieux fondée : il avoit feul repouffé l'ennemi fur le pont Sublicien ; la ftatue fubfifte encore. Je ne fuis point ſurpris non plus que la Sybille ait eu des ſtatues près de la tribune aux harangues, quoiqu'il y en ait trois : une que *Sextus Pacuvius Taurus*, édile du peuple, fit élever, & deux qui le furent par M. Meſſala. Je croirois que celles-ci & celle d'*Attus Navius*, poſées du tems de Tarquin l'ancien, furent les premieres, ſi dans le Capitole il n'y en avoit pas des Rois qui l'ont précédé. *Chap. V*, *ſect. XI.*

Entre ces dernieres, la ſtatue de Romulus eſt ſans tunique, comme celle de Camille, dans la place aux harangues. Celle de Q. Marcius Tremulus, devant le temple de Caſtor & Pollux, étoit équeſtre, auſſi ſans tunique, & vêtue de la toge : il avoit vaincu deux fois les Samnites, &, par la priſe d'Anagnia, il avoit délivré les Romains du tribut. Les ſtatues qu'on doit mettre au rang des plus anciennes, ſont celles qu'on voit dans la place aux harangues de T. Clelius, L. Roſcius, Sp. Nautius, & C. Fulcinius, tués par les Fidenates dans une ambaſſade. La République décernoit ordinairement cet honneur à ceux qui, contre le droit des gens, avoient été tués. Elle l'accorda aux deux freres P. Junius & T. Coruncanus, qui furent tués par ordre de Teuca, Reine des Illyriens. Il ne faut pas oublier que, ſelon nos annales, leurs ſtatues dans la place publique étoient de trois pieds de haut : c'étoit alors la meſure honorable. Je n'oublierai pas non plus Cn. Octavius, (ou C. Popilius, ſelon d'autres), à cauſe de ſon mot fameux au Roi Antiochus. Ce Prince promettant de lui répondre, celui-ci, avec une baguette qu'il tenoit par haſard, traça un cercle autour du Roi, & le força de lui donner ſa réponſe avant qu'il en ſortît. Ayant été tué dans cette ambaſſade, le Sénat lui érigea une ſtatue dans le lieu le plus apparent de la place aux harangues. L'hiſtoire dit auſſi qu'on décerna une ſtatue à la veſtale Taracia Caïa, ou Suffetia, pour être placée où elle voudroit : circonſtance qui n'eſt pas moins honorable pour elle, que d'avoir été, quoique femme, honorée d'une ſtatue. Voici, dans les propres termes des annales, ce qui la lui mérita : « pour avoir fait préſent au peuple du champ du » Tibre ». *Pline, chap. VI.*

Je trouve qu'on éleva des ſtatues à Pythagore & à Alcibiade, aux deux angles de la place des Comices, lorſque, dans la guerre contre les Samnites, l'Oracle d'Apollon Pythien eut ordonné de conſacrer dans le lieu le plus honorable des ſtatues au plus brave & au plus ſage des Grecs. Elles ſubſiſterent juſqu'à ce que le Dictateur Sylla fit bâtir le Sénat dans cet endroit. Je ſuis étonné de ce que les Sénateurs d'alors aient donné la préférence pour la ſageſſe à Pythagore ſur Socrate, qui, par l'Oracle du même Dieu, avoit été déclaré le plus ſage des hommes ; & que pour la valeur ils l'aient accordée à Alcibiade, au préjudice de tant d'autres, particuliérement à celui de Thémiſtocle, en qui la valeur & la ſageſſe étoient réunies. On poſoit les ſtatues ſur des colonnes, pour les élever au-deſſus des autres hommes. C'eſt auſſi ce que ſignifie la nouvelle invention des arcs de triomphe. Cependant cet honneur commença chez les Grecs : & je crois que perſonne n'eut autant de ſtatues élevées en ſon honneur que Demetrius de Phaleres à Athenes, puiſqu'on lui en érigea trois cent ſoixante :

l'année ne paſſoit pas encore ce nombre de jours. Elles furent preſqu'auſſi-tôt briſées. Les Tribus Romaines en avoient élevé dans toutes les rues de Rome à C. Marius Gratidianus, qu'ils renverſerent lorſque Sylla entra dans la ville. *Pline, chap. VI, ſect. XII.* •

Les ſtatues pédeſtres furent ſans doute de très-bonne heure eſtimées à Rome; cependant l'origine des ſtatues équeſtres eſt auſſi fort ancienne : on en a même accordé l'honneur à des femmes, puiſqu'il y en a une de Clélie , comme ſi ce n'étoit pas aſſez de l'avoir ornée de la toge : tandis que Lucrece & Brutus, qui avoient chaſſé les Rois pour leſquels Clélie fut en ôtage, n'en eurent point. Je croirois que cette ſtatue & celle d'Horatius Coclès, ont été les premieres élevées par décret public , ſi Piſon ne diſoit que ce furent ceux qui avoient été en ôtage avec Clélie, & que Porſenna rendit à ſa conſidé-ration, qui la lui érigerent. Car pour celle d'Attus & celles de la Sybille, ce fut Tarquin : pour celles des Rois, il eſt vraiſemblable qu'ils ſe les érigerent eux-mêmes. Le Hérault Annius dit au contraire que la ſtatue équeſtre qui étoit vis-à-vis le temple de Jupiter Stateur dans le veſtibule du palais de Tarquin le Superbe , étoit celle de Valeria , fille du Conſul Publicola , & qu'elle s'étoit ſauvée ſeule en paſſant le Tibre à la nage , les autres ôtages envoyés à Porſenna ayant été maſſacrés par le parti des Tarquins dans une embuſcade. *Chap. VI, ſect. XIII.*

De la maniere dont les anciens repréfentoient leurs Divinités.

Le dieu Mars étoit honoré par les Romains fous les deux noms de *Gradivus* & de *Quirinus* : fous le premier, il avoit fa ftatue dans le champ de Mars , hors de la ville : fous le fecond nom , fa ftatue étoit placée au milieu du *Forum* , dans l'intérieur de la ville.

Vénus étoit repréfentée , chez les Lacédémoniens, les armes à la main. En Arcadie , elle étoit noire. En Chypre , elle avoit de la barbe , le feptre viril , & des habillemens de femme.

En Egypte , l'Amour étoit repréfenté avec des ailes , derriere la ftatue de la Fortune , qui tenoit devant elle une corne d'abondance.

Dans la Theffalie , on donnoit trois yeux à Jupiter. On dit que Laomedon , & enfuite le Roi Priam , avoient fait placer cette ftatue de Jupiter dans une cour , au milieu de leur Palais : c'eft ce que Virgile nous apprend par cette defcription :

> *Ædibus in mediis , nudoque fub ætheris axe*
> *Ingens ara fuit , juxtaque veterrima laurus*
> *Incumbens aræ , atque umbrâ complexa Penates.*
>
> Virgil. Æneid. lib. II.

Au milieu du palais de Priam , & fans aucune autre couverture que celle du ciel même , il y avoit un grand autel , proche duquel s'élevoit un laurier très-ancien , appuyé contre l'autel , & qui couvroit de fon ombre les Dieux tutélaires de ce palais.

F

Lorſque Troyes fut ſurpriſe par les Grecs, Priam, accompagné d'Hécube ſa femme, & de ſes filles, s'étoit réfugié vers ce même autel, embraſſant les ſimulachres des Dieux qu'il invoquoit vainement, car il y fut maſſacré de la main de Pyrrhus.

Stenebus, fils de Capaneus, fit tranſporter enſuite cette ſtatue à Lariſſe. Or, quel que ſoit l'artiſte qui a fait cette figure, je crois que les trois yeux qu'on y remarque ſont le ſymbole de la triple puiſſance de Jupiter: de deux yeux il regarde la terre & la mer, & du troiſieme il regarde le ciel.

On repréſentoit le Roi Lyſimachus avec une corne au front, parce qu'un taureau qu'Alexandre étoit prêt de ſacrifier, ayant rompu ſes liens, & s'étant échappé, ce Roi ſaiſiſſant le taureau par les cornes, l'arrêta avec ſes deux mains, & le ramena au lieu du ſacrifice.

On met une étoile ſur le front de Jules Ceſar, parce qu'on apperçut, dit-on, une comete dans le ciel le jour qu'il fut aſſaſſiné en plein Sénat.

On repréſente Marcus Brutus avec un petit chapeau & deux petits poignards, parce que, le jour de ſon forfait, le peuple courut par la ville, un chapeau ſur la tête (le chapeau eſt l'emblême de la liberté) & qu'il parut que les poignards dont s'étoient ſervi Brutus & Caſſius, étoient les inſtrumens qui avoient rétabli la liberté dans Rome.

Les Romains avoient coutume de joindre & de dédier enſemble, dans leurs gymnaſes ou colleges, les ſtatues de Mercure & de Minerve : Ciceron les appelloit *Hermathenes*, c'eſt à-dire, ſtatues de Mercure & de

Minerve, poſées ſur un même piédeſtal. (Lettres de Ciceron à Atticus, liv: I, lett. 2). Ce que vous m'écrivez
(dit-il) au ſujet de votre Hermathene, m'a fait le plus
grand plaiſir: c'eſt un ornement très-convenable à notre
Académie, parce que Hermes eſt commun à toutes
les ſciences, & que cette Académie eſt conſacrée
particuliérement à Minerve. Or les Hermathenes reſſem-
bloient aux autres ſtatues d'Hermès; c'étoient des pié-
deſtaux plutôt que des ſtatues, dont les têtes pouvoient
ſe changer ; & lorſqu'on y plaçoit les deux têtes de
Mercure & de Minerve, jointes enſemble, on les appelloit Hermathenes : ce nom étant compoſé de deux
mots grecs Ερμῆς, *Mercurius*, & Αθηνὴ, *Minerva*.

Des coloſſes les plus célebres.

Pour la hardieſſe de la grandeur des figures, il y en
a des exemples innombrables, puiſque nous voyons
qu'on a imaginé des maſſes énormes de ſtatues appellées
coloſſales, qui ſont égales à des tours. Tel eſt l'Apollon
au Capitole, apporté de la ville d'Apollonie dans le
Pont, par M. Lucullus. Il a trente coudées de haut, &
a coûté 500 talens (1). Tel eſt le Jupiter du champ de
Mars, conſacré par Cl. Céſar, & qu'on appelle Pom-
peyen, parce qu'il eſt proche du théatre de ce nom.
Tel eſt celui de Tarente, fait par Lyſippe : il a quarante
coudées. Ce qu'il y a d'étonnant c'eſt que, par la juſteſſe
de ſon équilibre, on peut (dit-on) le mouvoir à la

____

(1) Deux millions trois cent cinquante mille livres.

main, fans cependant qu'aucun ouragan puiffe le ren-
verfer. On dit que l'artifte a prévenu cet inconvénient,
en oppofant une colonne a peu de diftance de la ftatue,
du côté où il falloit principalement rompre le vent. La
grandeur & la difficulté de la mouvoir ont empêché
Fab. Verrucofus d'y toucher, quand il a tranfporté du
même endroit l'Hercule qui eft au Capitole.

Le plus admiré de tous les coloffes fut celui du Soleil
à Rhodes ; il avoit été fait par Charès de Linde, éleve
de Lyfippe ; cette figure avoit foixante-dix coudées de
hauteur. Elle fut renverfée, cinquante-fix ans après,
par un tremblement de terre : mais toute abattue qu'elle
eft, on ne fauroit s'empêcher de l'admirer. Il y a peu
d'hommes qui puiffent embraffer fon pouce : fes doigts
font plus grands que la plupart des ftatues : le vuide de
fes membres rompus reffemble à l'ouverture de vaftes
cavernes. On voit au-dedans des pierres d'une groffeur
extrême, dont le poids l'affermiffoit fur fa bafe. On dit
qu'elle fut douze ans à faire, & qu'elle coûta 300 talens (1), qui furent le prix des approvifionnemens que
le Roi Demetrius avoit laiffés devant la ville, quand il
en leva le fiége, ennuyé de fa longueur. *Pline, liv.*
XXXIV, chap. VII, fect. XVIII.

Ce coloffe demeura abattu comme il étoit fans qu'on
y touchât, pendant 894 ans, au bout defquels, l'an de
Jefus-Chrift 672, Moawias, le fixieme Calife ou Empereur des Sarrafins, ayant pris Rhodes, le vendit à
un Marchand Juif, qui en eut la charge de neuf cent

---

(1) Un million quatre cent dix mille livres.

chameaux ; c'eſt-à-dire, qu'en comptant huit quintaux
pour une charge, l'airain de cette ſtatue, après le déchet
de tant d'années par la rouille, &c. & de ce qui vrai-
ſemblablement en avoit été volé, ſe montoit encore à
ſept cent vingt mille livres, ou à ſept mille deux cent
quintaux. *Prideaux, part. II, liv. II.*

Il y a encore dans la même ville cent autres coloſſes
plus petits, mais qui ſuffiroient chacun pour illuſtrer la
ville où ils ſeroient. Outre ceux-là, il y a cinq coloſſes
de Dieux, faits par Briaxis. L'Italie a produit auſſi des
coloſſes : car nous voyons dans la bibliotheque du temple
d'Auguſte, l'Apollon Toſcan, qui a cinquante pieds
depuis le pouce, & dans lequel on ne ſait ce qui eſt le
plus admirable ou du bronze, ou du travail. Sp. Carvi-
lius, avec les cuiraſſes, les caſques, & les armures de
jambes des Samnites vaincus, a fait faire un Jupiter qui
eſt au Capitole. Sa grandeur eſt telle qu'on le voit de la
place où eſt le Jupiter Latiarius. De la limaille de cette
ſtatue il fit faire la ſienne, qui eſt aux pieds de celle du
Dieu. Deux têtes au même Capitole attirent l'admiration : elles ont été conſacrées par le Conſul P. Lentulus :
l'une eſt faite par Charès, dont nous avons parlé plus
haut ; l'autre par Décius. Mais celle du dernier perd
tant à la comparaiſon, qu'elle paroît l'ouvrage d'un artiſte abſolument ſans mérite.

Mais de notre tems, Zenodore a ſurpaſſé toutes les
grandes figures de cette eſpece par un Mercure qu'il a
fait dans une ville des Gaules en Auvergne. Elle fut dix
ans à faire, & coûta 400000 petits feſterces (1). Après

---

(1) Quatre cent mille livres.

que cet artiste eut assez fait connoître son talent dans ce pays, il fut appellé à Rome par Neron, dont il fit la statue colossale de cent dix pieds de hauteur. Elle fut ensuite consacrée au soleil, les crimes de ce prince ayant fait détester sa mémoire. Nous admirions dans son attelier la ressemblance parfaite non-seulement dans la figure de terre qui fut le modele de l'ouvrage, mais encore dans les petits modeles ou esquisses qui avoient servi d'études pour le grand. Cette statue fit voir que l'art de fondre le bronze étoit perdu, car Neron étoit disposé à ne pas ménager l'or & l'argent, & Zenodore n'étoit inférieur à aucun des anciens Statuaires pour la science de modeler & de réparer. Lorsqu'il faisoit sa statue en Auvergne, il copia pour Vibius Avitus, Gouverneur de la Province, deux vases ciselés de la main de Calamis, dont César Germanicus, qui les aimoit beaucoup, fit présent à Cassius Silanus, oncle d'Avitus, son précepteur. La copie étoit si exacte qu'à peine pouvoit-on appercevoir quelque différence dans le travail. Ainsi, plus Zenodore étoit habile, plus il est aisé de voir qu'on avoit perdu l'art de fondre le bronze (1). *Pline, suite de la section XVIII ci-dessus.*

Les pl. XXXIII & XXXIV, XXXV & XXXVI, offrent la représentation de diverses têtes caractérisées, pour des statues plus grandes que le naturel.

La pl. XXXVII contient quatre têtes d'Athéniens dans différentes attitudes, tirées des monumens antiques.

---

(1) Voyez la réfutation de cette absurdité de Pline, dans une des notes que M. Falconnet a ajoutées à sa traduction des livres XXXIV, XXXV, & XXXVI de cet Auteur, imprimée à Amsterdam en 1772, *in-8°.* page 41.

CHAPITRE VI.

Des statues d'enfans.

PARMI les modèles de statues qui nous restent de l'antiquité, il faut toujours choisir les meilleurs, & imiter dans chacune ce qui convient le mieux à chaque âge. Pour l'enfance, par exemple, nous en avons un exemple très-parfait dans ces génies enfans qui se voient autour de la statue du Nil, dans les jardins du Vatican : ils sont ronds & délicats, dans des attitudes folâtres & badines, les uns rampans pour ainsi dire à terre, les autres s'efforçant de monter sur les grands membres & sur le corps de leur pere, comme sur une haute montagne. Les enfans que l'on voit auprès de la statue du Tibre, allaités par une louve, sont dans le même caractere.

Les anciens nous ont laissé un exemple d'un âge un peu plus avancé, mais cependant encore enfantin, dans le Cupidon dormant couché sur la dépouille d'un lion, tenant un flambeau de sa main gauche.

L'enfant que l'on voit à côté de la statue de Léda, qui joue avec un cygne, & l'Hercule enfant qui étouffe un serpent, étant encore au berceau, sont des modeles d'un âge supérieur aux précédens.

Enfin on a un modele d'enfant d'un âge encore plus avancé, dans le jeune Grec qui se mêle dans les combats du Ceste.

Tous ces divers caractères d'enfans, qui ont encore l'embonpoint & la grosseur des membres de l'enfance, se voient à Rome sur les marbres antiques.

Les petits enfans doivent se représenter avec des mouvemens prompts, & des contorsions de corps quand ils sont assis. Étant debout, ils doivent paroître craintifs & peureux. *Léon. de Vinci, chap. LXI.*

Tous les petits enfans ont les jointures déliées, & les espaces qui sont entre deux plus gros : ce qui arrive parce qu'il n'y a sur les jointures que la seule peau, sans autre charnure que d'une nature nerveuse, laquelle attache & lie les os ensemble, & toute la chair molette & pleine se trouve entre l'une & l'autre jointure enfermée entre la peau & les os. Mais parce que dans les jointures les os sont plus gros qu'entre les mêmes jointures, la chair, à mesure que l'homme croît, vient à laisser cette superfluité qui demeuroit entre les os & la peau, si bien que la peau s'approche plus près de l'os, & vient à rendre les membres plus déliés autour des jointures, parce que n'y ayant point-là de cartilages & de peau nerveuse, elle ne peut se déssecher, & sans déssecher elle ne diminue point. De sorte que, par ces raisons, les petits enfans sont foibles & décharnés aux jointures, & gras entre les mêmes jointures, comme il paroît à leurs doigts, aux bras, aux épaules, qu'ils ont menues, cavées, & longues. Mais tout au contraire un homme est gros & noueux par-tout aux jointures des bras & des jambes ; & au lieu que les enfans les ont creuses, ceux-ci les ont relevées. *Léon. de Vinci, chap. CLXVIII.*

Entre les hommes & les enfans je trouve une grande

différence

différence de longueur de l'une à l'autre jointure, d'autant que l'homme a depuis la jointure des épaules jusqu'au coude, du coude au bout du pouce, & de l'extrêmité d'une épaule à l'autre une largeur de deux têtes : & à l'enfant cette largeur n'eſt que d'une tête ; parce que la nature travaille premiérement à la compoſition de la principale piece, qui eſt le ſiége de l'entendement, plutôt qu'à ce qui concerne ſeulement les eſprits vitaux. *Léon. de Vinci, chap.* **CLXIX.** Voyez les différentes figures d'enfans repréſentés ſur la planche **XXXVIII.**

CHAPITRE VII.

Des proportions de la femme.

LE cercle, ou la figure circulaire, dominent dans la forme de la femme : Platon aſſure que c'eſt la figure la plus belle (1). Le cercle & la forme arrondie ſont ſes élémens primitifs, & ſont la cauſe & le principe de toute beauté : comme dans l'homme le cube & le quarré ſont les élémens de la force, de la grandeur, & de la groſſeur. Les élémens de la figure humaine ſont différens dans l'homme & dans la femme, en ce que dans l'homme tous les élémens tendent à la perfection, comme le cube & le triangle équilatéral : dans la femme, au contraire, tout ſe trouve plus foible & plus petit. D'où il arrive que, dans la femme, la perfection eſt moindre,

---

(1) Voyez la citation latine de Ciceron, page 6.

mais l'élégance des formes est plus grande : au lieu du cube qui est affoibli dans la figure de la femme, c'est un quarré-long ou parallelograme-rectangle, dont les côtés font inégaux ; & au lieu du triangle c'est une pyramide : au lieu du cercle, c'est un ovale. De-là, on peut inférer que, pour la perfection des formes, la femme tient le second rang après l'homme, étant plus sujette que lui à la prédestination : la forme de l'homme n'a donc besoin d'aucun autre animal, mais elle est construite sur ses propres principes : l'idée de la beauté de l'homme ayant été créée parfaite, comme il est très-probable qu'elle a existé primitivement dans Adam & dans le Christ.

De la perfection des diverses parties du corps de la femme.

Voici les modeles de beauté que les habiles artistes, soit Peintres ou Sculpteurs, ont déterminés pour le corps de la femme. Il faut, selon eux, qu'elle soit d'une stature médiocre, qu'elle ne tombe point dans le défaut d'être ou trop grande, ou trop petite, mais qu'elle tienne un juste milieu, avec une proportion élégante dans ses membres, conformément aux exemples que nous ont laissés les anciens Sculpteurs Grecs.

Le corps ne doit être ni trop mince ou trop maigre, ni trop gros ou trop gras, mais d'un embonpoint modéré, suivant le modele des statues antiques.

La chair solide, ferme, & blanche, teinte d'un rouge-pâle, comme la couleur qui participe du lait & du sang, ou formée par un mêlange de lys & de roses.

Le visage gracieux, qui ne soit défiguré par aucune

ride : le col un peu longuet, charnu, fait au tour, d'un blanc de neige, dégagé, & sans aucun poil.

Les épaules médiocrement larges : les bras ronds & molets : la main longue & charnue, les doigts allongés & flexibles, qui se plient & se courbent pour toucher avec légereté.

La poitrine unie & ample, avec un peu d'élévation : les tettons ou mammelles doucement séparés, ronds, point flasques ni mols, saillans modérément sur la poitrine. Les reins vers la ceinture doivent être plus étroits que le haut du corps, ensorte que cette partie ait une forme triangulaire.

Le pli des hanches, la hanche ou le haut de la cuisse, & les cuisses elles-mêmes doivent être larges & amples.

La peau du ventre ne doit pas être lâche, ni le ventre pendant, mais mollet & d'un contour doux & coulant depuis sa plus grande saillie jusqu'au bas du ventre. La partie naturelle petite & relevée.

La partie du dos qui est entre les deux aisselles doit être plate, un peu enfoncée dans le milieu, & charnue, ensorte qu'il y ait comme un sillon le long de l'épine du dos, & qu'on apperçoive à peine le contour des épaules.

Les fesses rondes, charnues, d'un blanc de neige, retroussées, & point du tout pendantes. La cuisse enflée, sur-tout du côté où elle se joint aux fesses : le genou charnu & rond.

La jambe doit être droite, dont le gras saille avec élégance, faite au tour, allant en diminuant avec grace, comme une pyramide, jusqu'au talon. Le pied petit &

bien proportionné , avec une tumeur charnue fur la partie fupérieure appellée coude-pied. Ne vous laffez point , dit Ovide , de louer les graces de fon vifage , la beauté de fes cheveux, la délicateffe de fes doigts, & la petiteffe de fon pied.

Nec faciem , nec te pigeat laudare capillos ,
Et teretes digitos , exiguumque pedem. Ovid.

En un mot, dans la figure de la femme, il faut obferver que fes traits ou les contours de fes mufcles, fa façon de fe pofer, de marcher, de s'affeoir, tous fes mouvemens & toutes fes actions foient repréfentés de maniere qu'on n'y apperçoive rien qui tienne de l'homme ; mais que, conformément à fon élément primitif, qui eft le cercle, elle foit entiérement ronde, délicate, & fouple, & entiérement oppofée à la forme robufte & virile.

A la beauté des formes & des contours délicats de la femme, il faut ajouter beaucoup de modeftie, & une grande fimplicité & égalité dans fa contenance. Il faut fur-tout éviter avec foin, foit dans fes membres, foit dans fes attitudes, toute roideur & apparence de mufcles. Enfin, lorfqu'une femme eft debout, la diftance d'un pied à l'autre, & quand elle eft affife, l'écartement de fes cuiffes doivent être ajuftés fuivant les regles de la bienféance, dans la raifon de la pyramide qui préfide aux actions de la femme, d'autant plus que la pyramide renverfée eft également l'hiéroglyphe de la femme, de même que le cube domine dans les actions de l'homme ; d'où il fuit que dans les différentes attitudes de ce dernier, foit debout, foit affis, fes jambes & fes pieds font toujours écartés l'un de l'autre.

On obfervera que la même figure ne domine point dans les actions & dans la forme des membres ; car la pyramide correfpond à tout ce qui conftitue l'homme, en ce que toutes fes parties fupérieures font plus larges que les inférieures, comme les épaules, le dos, la poitrine, &c : mais le cube préfide à fes actions. Au contraire, la forme ovale préfide à la figure de la femme, parce que la rondeur & l'alongement fe remarquent dans tous fes membres : mais la pyramide préfide à fes actions, comme on vient de le remarquer.

Il faut que les femmes foient repréfentées en des actions retenues & pleines de modeftie, les genoux ferrés, les bras recueillis enfemble, la tête humblement inclinée, & penchante un peu de côté. *Léon. de Vinci, chap. LXIV.*

Aux femmes & aux jeunes gens, il ne fied pas bien d'être en des actions où les jambes foient écartées & trop ouvertes, parce que cette contenance paroît hagarde & trop effrontée : mais au contraire les jambes & les cuiffes ferrées témoignent de la modeftie. *Léon. de Vinci, chap. CCLIX.*

On voit fur la planche XXXIX que la beauté du nez humain eft imitée de celle du cheval, lequel eft droit & tiré, très-peu charnu, & dont les offemens font reffentis : la narine eft également grande, longue, ronde, & fort ouverte dans l'un & dans l'autre.

Sur la planche XL on fait une comparaifon de la bouche humaine avec celle du cheval : & l'on y voit que la levre de deſſus avance un peu plus que celle de deſſous, & que la diſtance qui ſe trouve entre le nez & la bouche eſt fort courte à l'un & à l'autre.

La planche XLI offre diverſes figures du torſe de la femme debout, où l'on peut voir que ſon attitude naturelle eſt d'avoir les jambes & les cuiſſes ſerrées l'une contre l'autre, conformément aux préceptes ci-deſſus. On voit ſur la planche XLII d'autres exemples de la même regle dans diverſes figures de femmes debout.

On a donné ſur la planche XLIII pluſieurs figures de femmes debout & couvertes de draperies, d'après quelques ſtatues antiques.

La planche XLIV eſt un Bacchanale dans le goût antique, de la compoſition de Rubens.

Il eût été à deſirer que Rubens eût fait l'application des préceptes ci-deſſus ſur les proportions du corps de l'homme, & de celui de la femme, à des exemples choiſis puiſés dans la nature : mais comme il n'en fait aucune mention dans ſon livre, nous ſuppléerons à cette omiſſion de ſa part, en donnant dans un ſecond volume, ſervant de Supplément à celui-ci, un Recueil d'études de diverſes parties du corps humain, & d'académies entieres, deſſinées d'après nature, auxquelles on pourra avoir recours.

Nous terminerons cet ouvrage par un précepte tiré de l'art de peinture d'Alphonſe Dufrenoy. On peut, dit-il, dans la peinture commettre des fautes de toutes ſortes de façons ; ſemblables aux arbres d'une forêt, elles ſe multiplient à l'infini, & parmi la quantité de chemins qui peuvent égarer, il ne s'en trouve qu'un ſeul qui conduife au but. De même que dans le grand nombre de lignes qu'on peut tirer d'un point à un autre, il n'y en a qu'une droite, toutes les autres font plus ou moins courbes felon qu'elles s'en éloignent plus ou moins. Pour s'en garantir, il faut imiter la belle nature, comme l'ont pratiqué les anciens, & en faire un heureux choix, fuivant que le fujet qu'on fe propofe de repréfenter le demande.

Errorum eft plurima fylva,
Multiplicefque viæ, bene agendi terminus unus.
Linea recta velut fola eft & mille recurvæ.
Sed juxtà antiquos naturam imitabere pulchram,
Qualem forma rei propria, objectumque requirit.

F I N.

A P P R O B A T I O N.

J'ai lu par ordre de Monfeigneur le Chancelier un manufcrit qui a pour titre : *Théorie de la figure humaine, avec quarante-quatre planches ;* il ne contient rien qui me paroiffe devoir en empêcher l'impreffion. A Paris, ce 3 Juillet 1773. LE BEGUE DE PRESLE.

P R I V I L E G E   D U   R O I.

LOUIS, par la grace de Dieu, Roi de France & de Navarre : A nos amés & féaux Confeillers les Gens tenant nos Cours de Parlement, Maîtres des Requêtes ordinaires de notre Hôtel, Confeils Supérieurs, Prévôt de Paris, Baillifs, Sénéchaux, leurs Lieutenans Civils, & autres nos Jufticiers qu'il appartiendra : SALUT. Notre amé le Sieur JOMBERT, pere, nous a fait expofer qu'il defiroit faire imprimer & donner au Public un Ouvrage intitulé : *Théorie de la figure humaine ; Catalogue raifonné de l'Œuvre de*

Sébaftien le Clerc, s'il nous plaifoit lui accorder nos Lettres de permiffion pour ce néceffaires. A CES CAUSES, voulant favorablement traiter l'Expofant, nous lui avons permis & permettons par ces Préfentes, de faire imprimer lefdits Ouvrages autant de fois que bon lui femblera, & de les faire vendre & débiter par-tout notre Royaume pendant le tems de trois années confécutives à compter du jour de la date des Préfentes. Fai- fons défenfes à tous Imprimeurs, Libraires, & autres perfonnes de quel- que qualité & condition qu'elles foient d'en introduire d'impreffion étran- gere dans aucun lieu de notre obéiffance; à la charge que ces Préfentes feront enregiftrées tout au long fur le regiftre de la Communauté des Imprimeurs & Libraires de Paris, dans trois mois de la date d'icelles. Que l'impreffion defdits Ouvrages fera faite dans notre Royaume, & non ailleurs, en beau papier & beaux caracteres; que l'Impétrant fe conformera en tout aux Régle- mens de la Librairie, & notamment à celui du 10 Avril 1725, à peine de déchéance de la préfente Permiffion; qu'avant de l'expofer en vente, le manufcrit qui aura fervi de copie à l'impreffion defdits Ouvrages, fera remis dans le même état où l'approbation y aura été donnée, ès mains de notre très-cher & féal Chevalier Chancelier Garde des Sceaux de France le fieur DE MAUPEOU; qu'il en fera enfuite remis deux exemplaires dans notre Bibliotheque publique, un dans celle de notre château du Louvre, & un dans celle dudit Sieur DE MAUPEOU; le tout à peine de nullité des Préfen- tes: du contenu defquelles vous mandons & enjoignons de faire jouir ledit Expofant & fes ayans-caufe pleinement & paifiblement, fans fouffrir qu'il leur foit fait aucun trouble ou empêchement. Voulons qu'à la copie des Préfentes, qui fera imprimée tout au long au commencement ou à la fin defdits Ouvrages, foi foit ajoutée comme à l'original. Commandons au pre- mier notre Huiffier ou Sergent fur ce requis, de faire, pour l'exécution d'icelles, tous actes requis & néceffaires, fans demander autre permiffion, & nonobftant clameur de haro, Charte normande & Lettres à ce con- traires. CAR tel eft notre plaifir. DONNÉ à Compiegne le quatrieme jour du mois d'Août l'an mil fept cent foixante-treize, & de notre regne le cin- quante-huitieme. Par le Roi en fon Confeil, LE BEGUE.

Regiftré fur le Regiftre XIX de la Chambre Royale & Syndicale des Libraires & Imprimeurs de Paris, N°. 2465, folio 120, conformément au Réglement de 1723. A Paris, ce 13 Août 1773. C. A. JOMBERT, pere, Syndic.

PIERRE PAUL RUBENS.

P.P. Rubens delin.
Pet. Aveline Sculp.

Rubens delin.

P. Aveline Sculp.

Rubens delin.   P. Aveline Sculp.

Rubens delin.   P. Avelne Sculp.

Rubens delin.

P. Aveline Sculps.

Rubens delin.   P. Aveline Sculps.

Rubens delin.
P. Avelne Sculp.

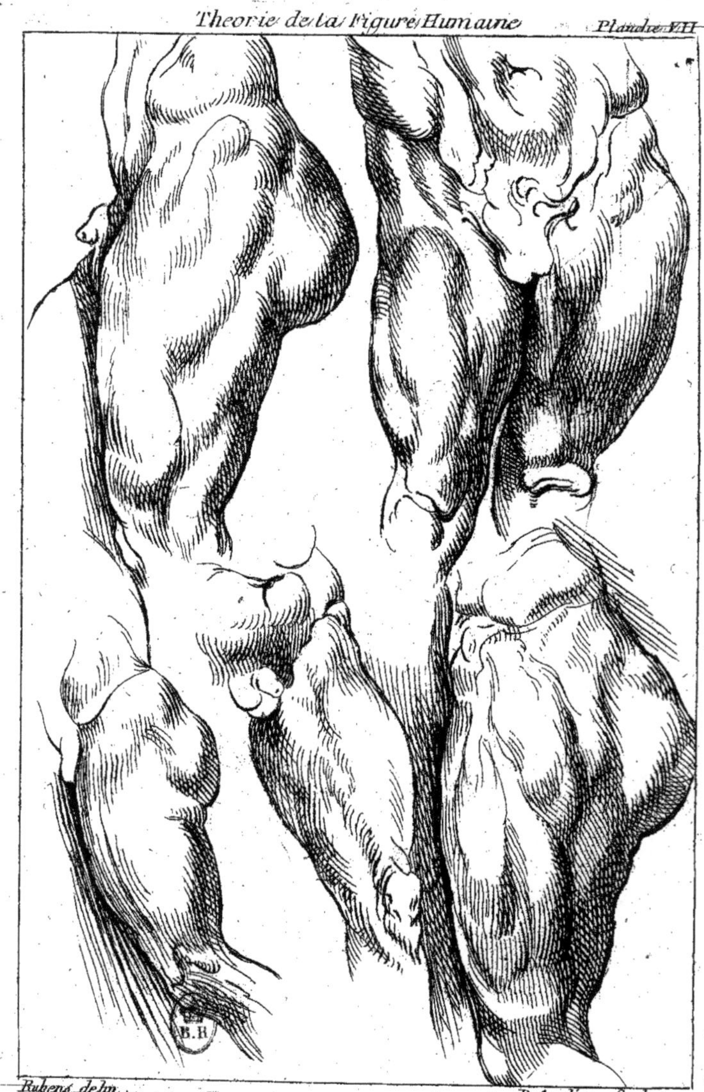

Rubens delin.   P. Avelne Sculps.

Rubens delin.

P. Aveline Sculps.

Planche IX.

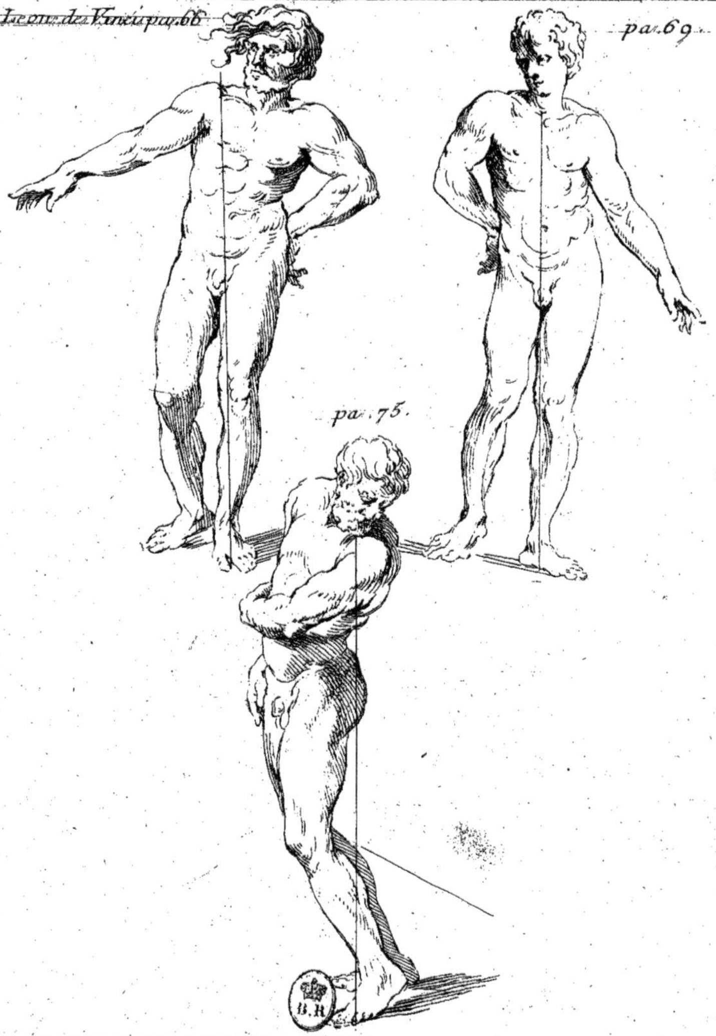

Rubens delin.

P. Aveline Sculps.

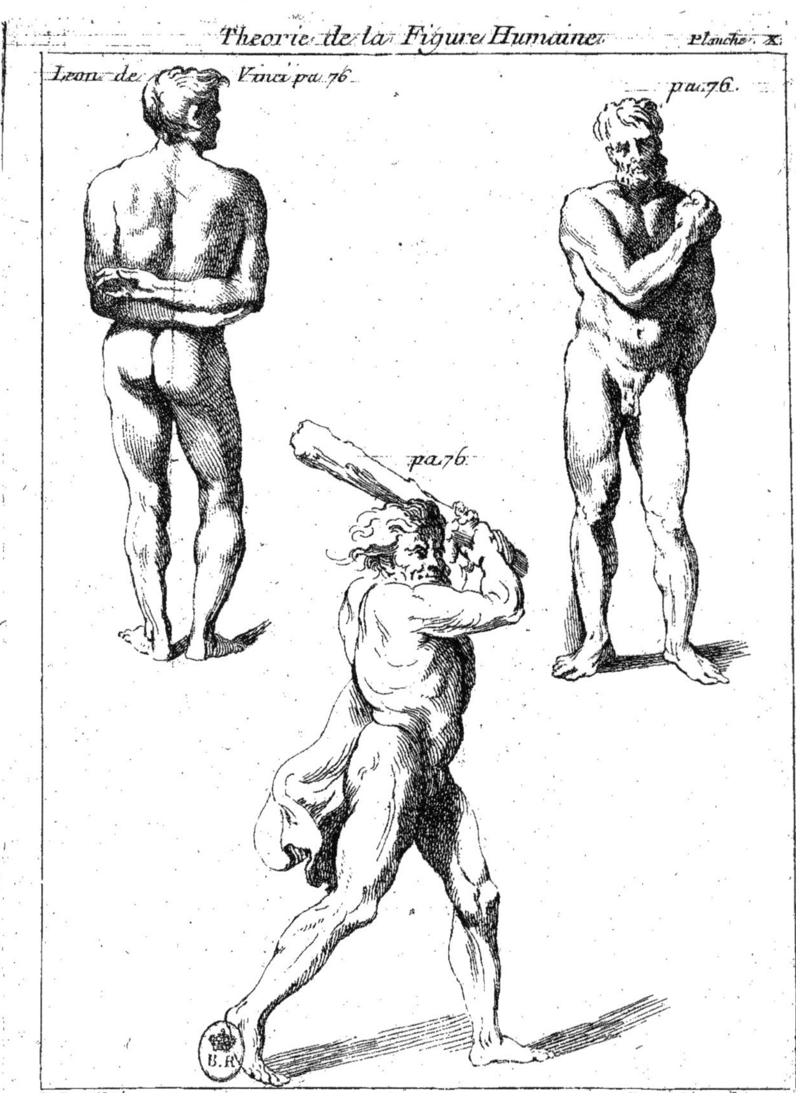
Leon de Vinci pa.76.
pa.76.
pa.76.
B.R.
Rubens delin.
P. Aveline Sculp.

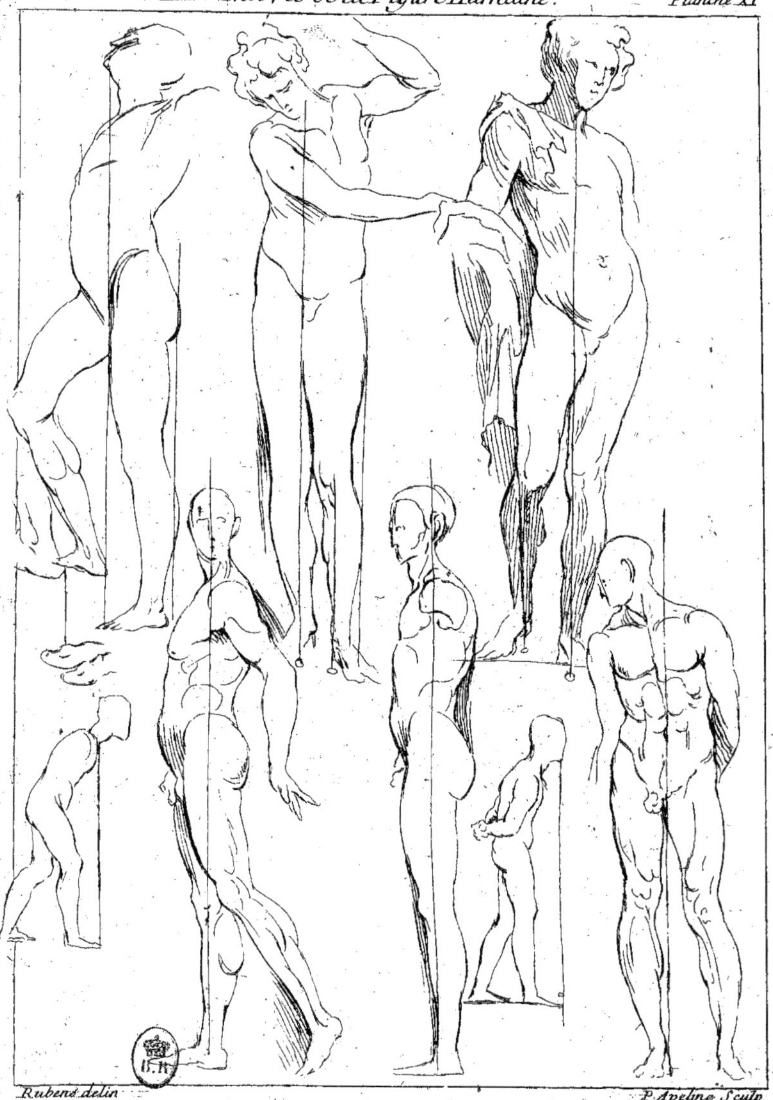

Rubens delin.

P. Aveline Sculp.

Rubens delin.

P. Aveline Sculps.

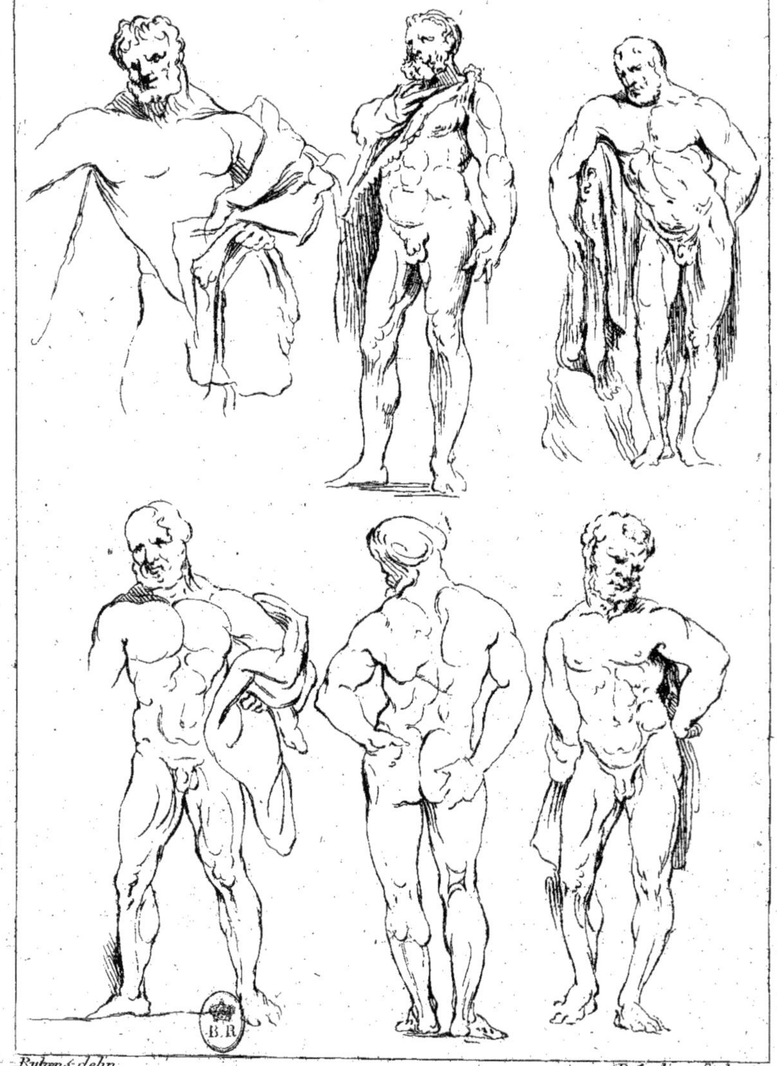

Rubens delin.
P. Aveline Sculps.

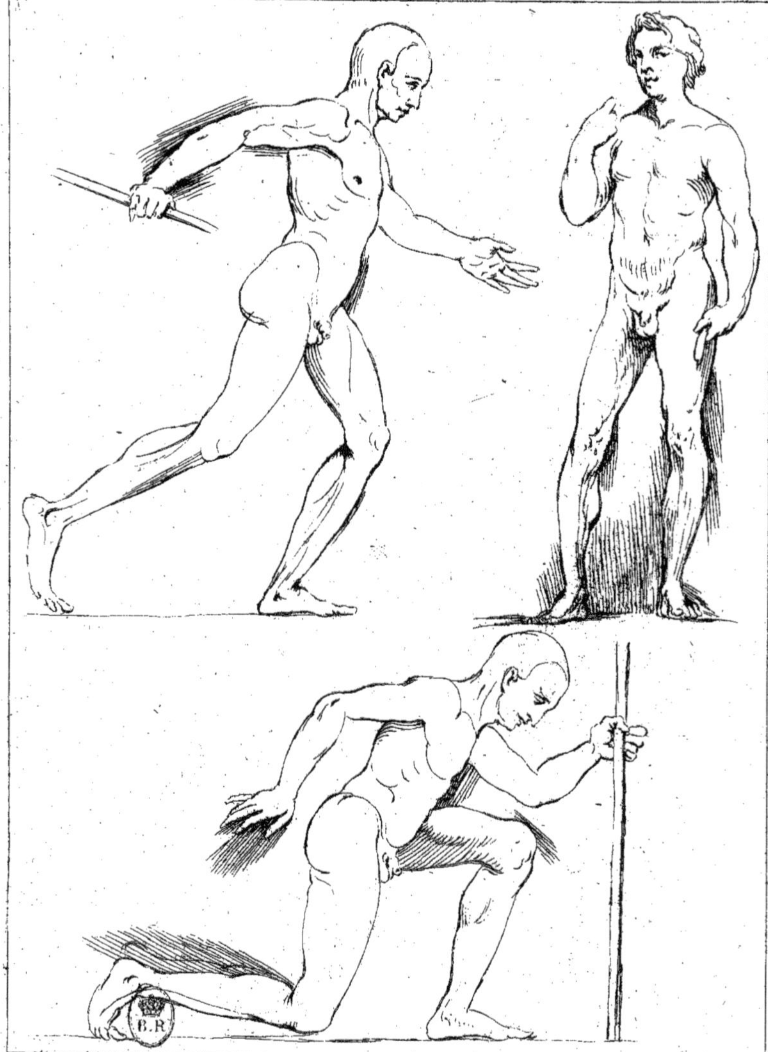

Rubens delin.

P. Aveline Sculp.

Theorie de la Figure Humaine.
Planche XVI.
Leon de Vinci pa.60.
pa.60.
B
A
pa.68.
A
B.R.
Rubens delin.
P. Aveline Sculps.

Leon de Vinci
pag. 64
pa. 64
pa. 97
A
B
C
B.R.

Rubens delin.
P. Aveline Sculp.

Leon de Vinci pa. 78.
pa. 77.
A
B
C
D
E
Rubens deline.
P. Aveline Sculps.

Theorie de la Figure Humaine
Planche XIX.
Rubens delin.
P. Aveline Sculp.

Rubens delin. P. Aveline Sculp.

Rubens delin   P. Aveline Sculp

Rubens delin.   P. Aveline Sculps.

Rubens delin.
P. Aveline Sculp.

Rubens delin.

P. Aveline Sculps

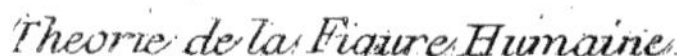

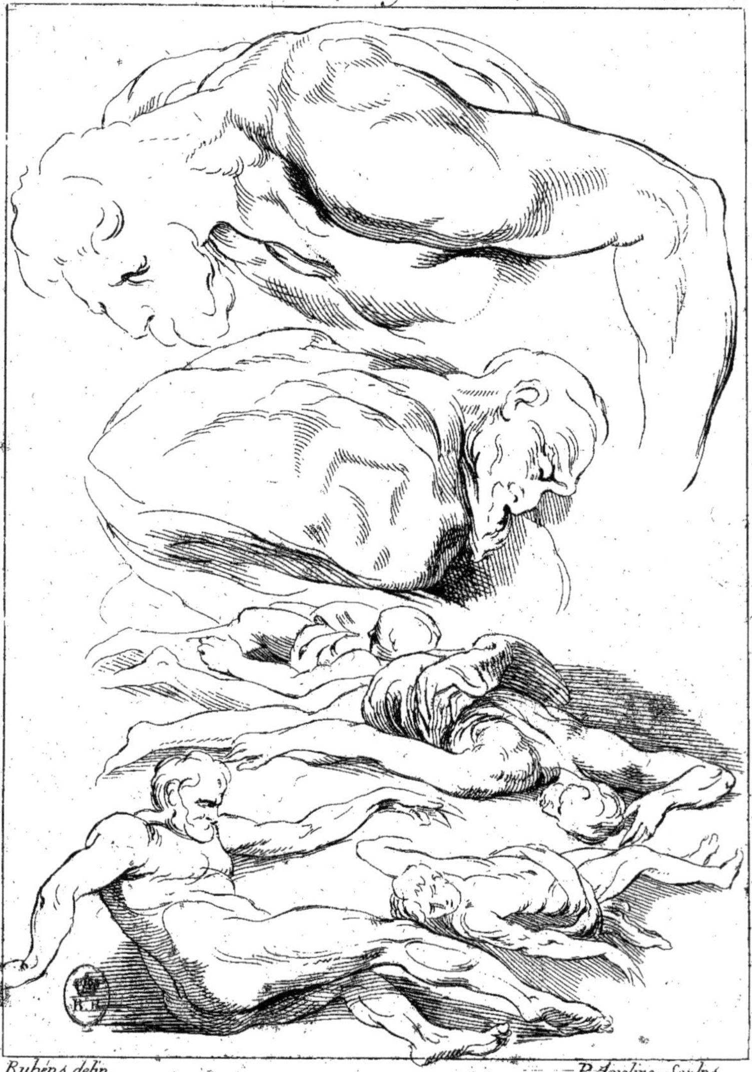

Rubens delin. P. Aveline Sculps.

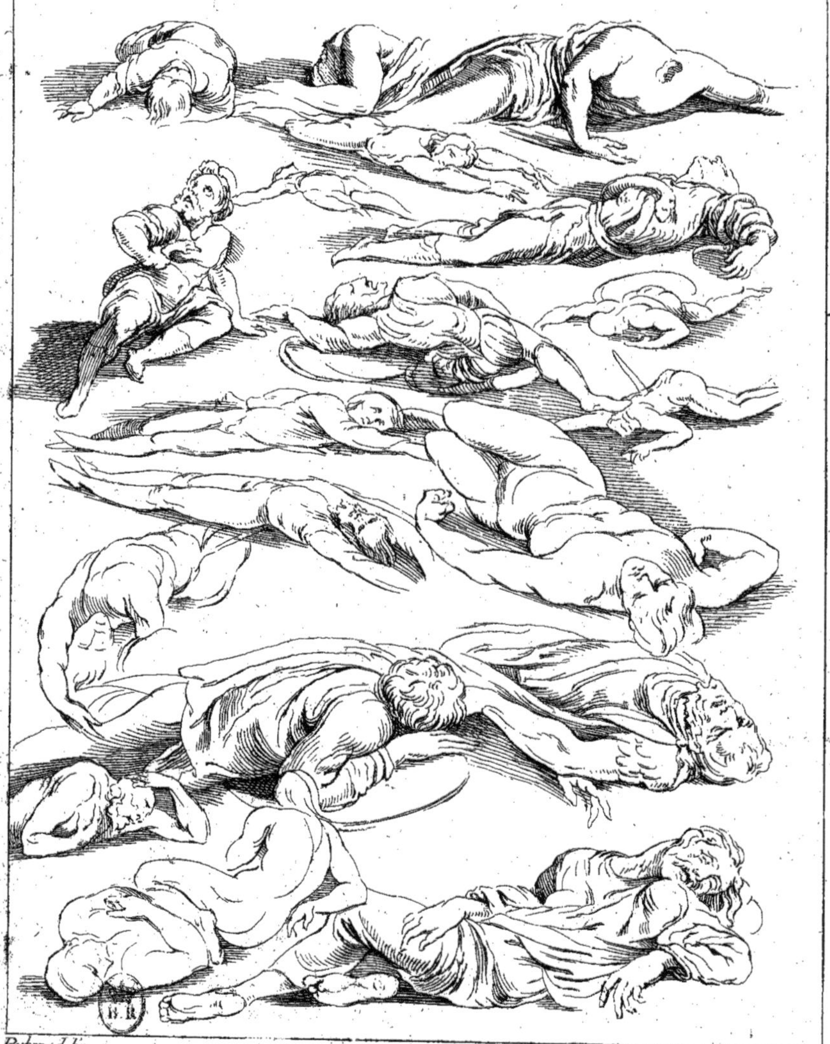

Rubens delin.

P. Aveline Sculps.

Rubens delin. P. Aveline Sculp.

Rubens delin.   _P. Aveline Sculps._

Rubens delin.

P. Aveline Sculp.

Rubens. delin.　　　　　　　　　　　　P. Avelins Sculps.

Rubens delin.

P. Aveline Sculps.

Rubens delin.

P. Aveline Sculp.

Rubens delin.   P. Aveline Sculp^s

Rubens delin.   P. Aveline Sculp.

Rubens delin.   P. Aveline Sculps.

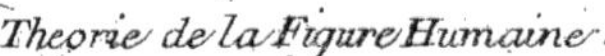

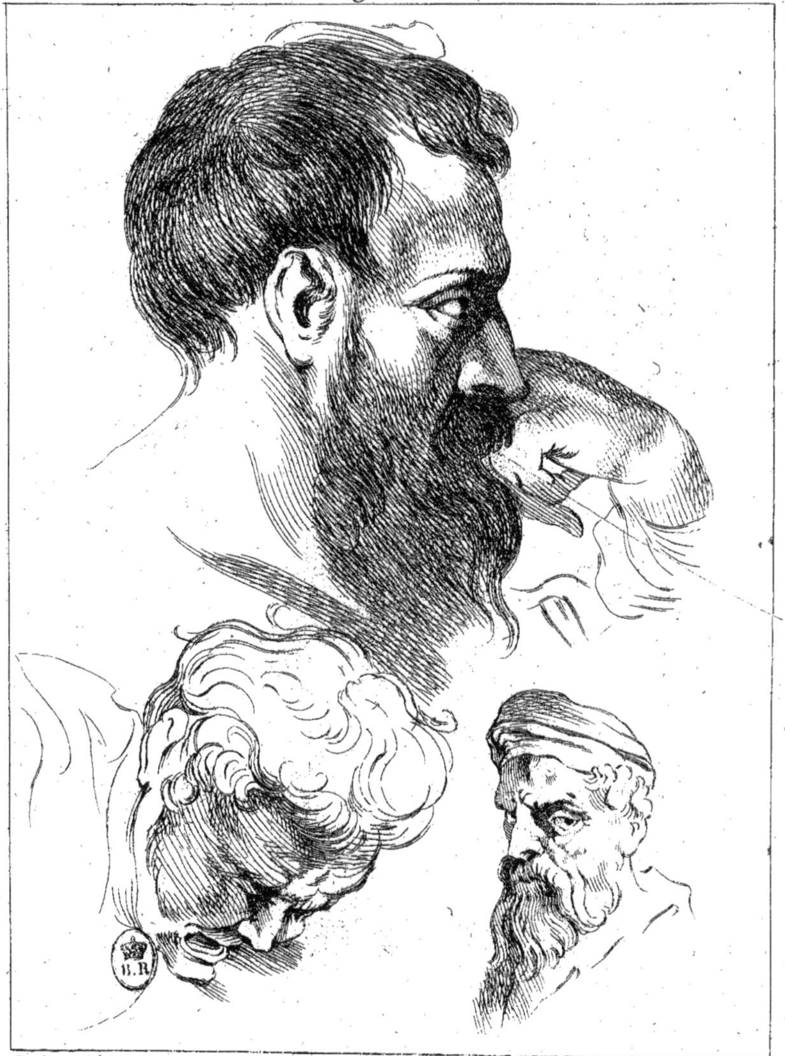

Rubens delin.   P. Aveline Sculp.

Rubens delin.
P. Aveline Sculp.

Rubens delin.
P. Aveline Sculps

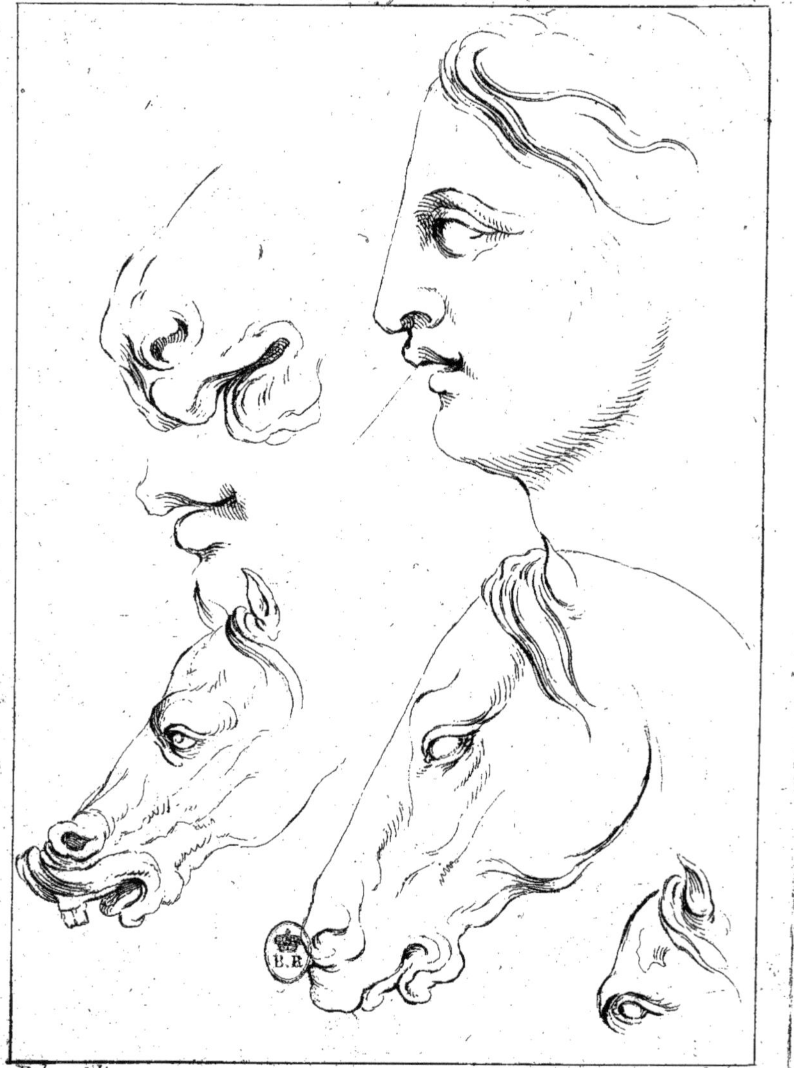

Rubens delin.

P. Aveline Sculp.

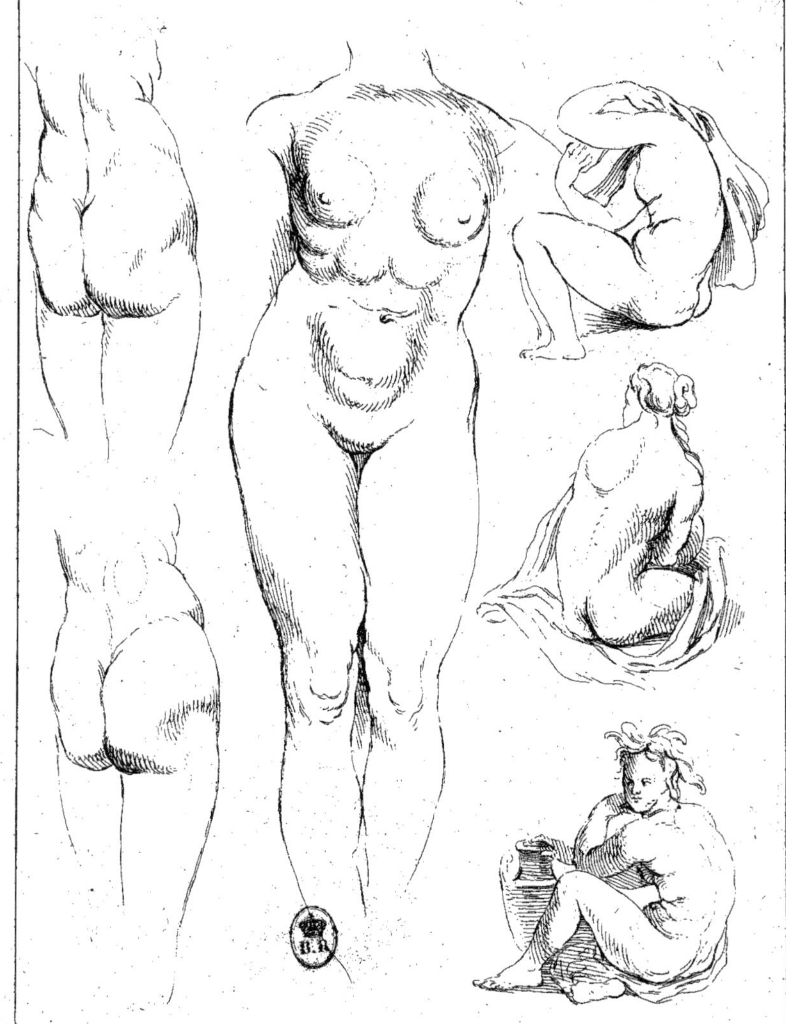

Rubens delin.   P. Aveline Sculp.

Theorie de la Figure Humaine.
Planche XLII.
Rubens delin.
P. Aveline Sculp.

Theorie de la Figure Humaine
Planche. XLIII.
Rubens delin.
P. Aveline Sculp

Rubens delin et inv.   P. Aveline Sculp.

HYDRAULIQUE APPLIQUÉE.

NOUVEAU SYSTÈME

DE

LOCOMOTION SUR LES CHEMINS DE FER.

SOUS PRESSE :

EXPOSÉ DES PROGRÈS LES PLUS RÉCENTS DE L'HYDRAULIQUE, considérée dans ses applications à la Navigation et à l'Industrie ; par M. *L.-D. Girard*.

Ⓒ

CHEMIN DE FER HYDRAULIQUE.

Distribution d'eau et Irrigations

PAR M. L.-D. GIRARD, INGÉNIEUR CIVIL.

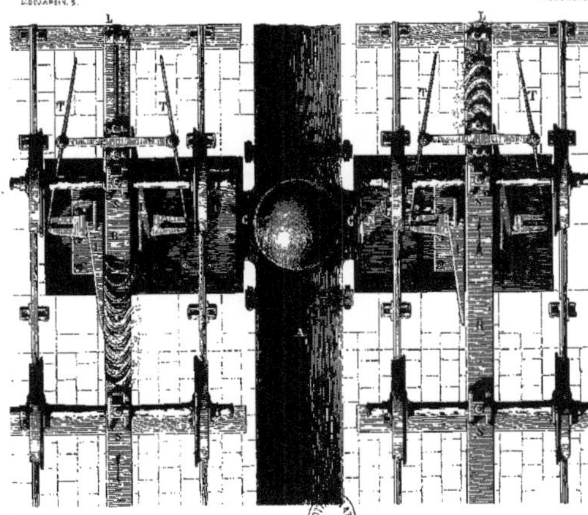

Échelle au 1/50ᵉ.

HYDRAULIQUE APPLIQUÉE.

NOUVEAU SYSTÈME

DE

LOCOMOTION SUR LES CHEMINS DE FER,

PAR M. L.-D. GIRARD,

Ingénieur civil. (Prix de Mécanique de l'Institut de France, 1843.)

PARIS,

BACHELIER, IMPRIMEUR-LIBRAIRE

DU BUREAU DES LONGITUDES ET DE L'ÉCOLE POLYTECHNIQUE,

RUE DU JARDINET, 12.

1852.

AVANT-PROPOS.

Le travail que nous avons l'honneur de présenter au public est
le résultat des recherches auxquelles nous nous sommes livré touchant
l'application des principes de l'hydraulique à la locomotion sur les
chemins de fer. Nous avons pensé qu'il pourrait être accueilli avec
quelque faveur à une époque où les travaux et projets de chemins de
fer ont acquis un très-grand développement, qui ne pourra que s'accroître encore pendant un certain nombre d'années.

Les dispositions que nous avons imaginées pour la propulsion des
convois sur les chemins de fer constituent un système spécial auquel
nous avons donné le nom de *chemin de fer hydraulique*, et qui dif-
fère essentiellement de tous les modes de propulsion à *points fixes*
imaginés jusque dans ces derniers temps, tels que le système atmosphérique établi au chemin de fer de Paris à Saint-Germain par
exemple.

Pour qu'on ne se fasse pas tout d'abord d'idées fausses sur le mode
de propulsion que nous proposons, il nous suffira de dire qu'il repose
sur le principe de la transmission de la puissance des chutes d'eau aux
turbines hydrauliques, que nous avons appelé ailleurs *principe de la
déviation des veines liquides*. Nous renvoyons pour les détails de
l'étude de ce principe (qui d'ailleurs ne sont pas indispensables pour
l'intelligence de ce qui va suivre) aux *Comptes rendus des séances
de l'Académie des Sciences* des 28 avril et 6 octobre 1851, et
23 février 1852, dont on trouvera les Extraits à la suite de ce

travail. Nous ajouterons, pour édifier complétement nos lecteurs sur la valeur du principe que nous venons de rappeler, que, depuis un an seulement que l'expérience a prononcé sur son application, près de trente turbines, représentant une force utile de plus de 800 chevaux, ont été construites sur les plans que nous avons dressés de concert avec M. Ch. Callon, ingénieur civil.

Nous croyons encore être agréable à nos lecteurs en reproduisant à la fin de cet ouvrage le feuilleton du *Journal des Débats* du 20 août 1852, dans lequel l'ingénieux et savant physicien, M. Léon Foucault, a exposé le principe et les avantages de notre invention avec une lucidité et une originalité d'aperçus qui n'appartiennent qu'à lui et qui faciliteront certainement l'intelligence des détails dans lesquels nous allons être obligé d'entrer.

Paris, le 31 août 1852.

HYDRAULIQUE APPLIQUÉE.

NOUVEAU SYSTÈME

DE

LOCOMOTION SUR LES CHEMINS DE FER.

CHAPITRE PREMIER.

DESCRIPTION GÉNÉRALE DU SYSTÈME ET DE SES PRINCIPAUX AVANTAGES.

1. Pour comprendre le mode d'application du principe de la déviation libre des veines liquides à la propulsion sur les chemins de fer, imaginez qu'on ait adapté, sous chacun des wagons qui composent un train ou convoi, une série d'aubes courbes fixée, au moyen de paliers venus de fonte avec elle, sur les essieux du wagon ; comme elle aura à très-peu de chose près la longueur même de ce wagon, il en résultera que si l'on compose un train de 100 mètres de longueur par exemple, on aura aussi, à très-peu près, un récepteur rectiligne de cette longueur ; ainsi le convoi, une fois formé, sera prêt pour recevoir l'action de la force motrice.

Il s'agit donc de voir comment cette action pourra s'exercer pour produire la marche du convoi, soit en avant, soit en arrière. Nous ne nous occuperons que de ce qui se passe sur une voie, parce que les mêmes dispositions sont appliquées aux deux voies, comme le montre la gravure annexée.

A cet effet, imaginez qu'on ait placé tout le long de la ligne de fer (soit entre les deux voies, soit extérieurement à l'une d'elles, cela est sans importance) un gros tuyau de fonte, enterré à une profondeur suffisante pour le soustraire au froid, et qui pourra varier, par conséquent, suivant le climat et la nature du sol. Concevez ensuite que ce tuyau soit mis en relation avec des pompes qui seront mues soit par des chutes d'eau, soit par des machines

(6)

à vapeur fixes (Cornouailles), de manière à fournir l'eau à haute pression
destinée à faire marcher le convoi.

Supposez enfin que sur ce tuyau se trouvent placées, de distance en distance (50 mètres ou 100 mètres par exemple), des prises d'eau aboutissant
chacune à un distributeur, qui remplace ici les orifices adducteurs d'une
turbine ordinaire : les jets d'eau, lancés dans la direction convenable par
le distributeur, agiront sur la concavité des surfaces en série rectiligne,
seront déviés sur ces surfaces d'environ deux angles droits, et pousseront
les wagons auxquels ces surfaces sont fixées suivant la direction du jet.

2. Mais il faut pouvoir arrêter ou mettre en train, marcher en avant ou
marcher en arrière, avec la même facilité au moins que par la locomotive à
vapeur.

Pour cela, il suffit de concevoir, 1° que chaque distributeur est à *double
bec*, l'un dirigé ou incliné de manière à produire la marche en avant, l'autre,
au contraire, de manière à pouvoir produire la marche en arrière ; 2° que
le récepteur est divisé en deux parties superposées, séparées par une cloison
ou diaphragme horizontal, et dont les aubes ont leur courbure en sens
inverse l'une de l'autre : dès lors les deux becs du distributeur étant placés
l'un à droite, l'autre à gauche des récepteurs, et correspondant chacun au
compartiment du récepteur qui convient à la direction dans laquelle l'eau
est lancée, on comprend qu'il suffira que le conducteur du train ait à sa
disposition un mécanisme de tiroir au moyen duquel il puisse ouvrir, à sa
volonté, tantôt l'un, tantôt l'autre des becs, pour que la condition de la
marche en avant ou en arrière, suivant les besoins, soit de la réalisation la
plus facile.

La légende qui fait l'objet du chapitre II de ce Mémoire, expliquera,
d'une manière détaillée, ce mécanisme de distribution. Mais la simple in-
spection de la gravure ci-jointe permet déjà de s'en faire une idée générale.
On voit que, suivant qu'il inclinera sa barre à droite ou à gauche, le conducteur placé à la tête du convoi fera agir l'eau motrice dans le sens qu'il
désirera (pour avancer ou pour reculer), et que celui placé à la fin du convoi
n'aura qu'à imiter ce mouvement pour replacer le tiroir dans la position où
il intercepte le passage à l'eau motrice. Ainsi le convoi, pendant toute la
durée de son passage devant chaque prise d'eau, recevra l'impulsion de
l'eau motrice ; mais le conducteur du dernier wagon, en fermant le tiroir,
s'opposera à toute dépense d'eau inutile.

Si, pour modérer la vitesse du train, on veut passer devant une prise
d'eau sans l'ouvrir, il suffira au conducteur d'avant de maintenir sa barre

droite, c'est-à-dire dans la position moyenne, et le train passera sans recevoir d'impulsion de la part de cette prise d'eau.

Aux stations, au contraire, les prises d'eau, ou injecteurs, seront très-
rapprochés les uns des autres (5o mètres par exemple), afin d'accélérer pour
ainsi dire autant qu'on le voudra la mise en route, souvent fort pénible par
les locomotives.

Ce rapprochement des injecteurs n'aura aucun inconvénient pour les
trains directs, puisque ceux-ci pourront toujours passer devant tel injecteur
qu'on voudra sans l'ouvrir. Par un motif analogue, on rapprochera les injecteurs dans les fortes rampes, sauf à n'en pas ouvrir pour les trains des-
cendants.

5. La distance ordinaire des prises d'eau ou injecteurs, dans les parties
où la voie est de niveau, étant fixée à 100 mètres, on voit que, toutes les
fois que le train ne dépassera pas cette longueur de 100 mètres, il n'y aura
jamais à la fois qu'un seul distributeur agissant sur lui. Il faut donc voir
comment ce distributeur unique, de dimensions assez restreintes, pourra
suffire à faire marcher un train de 100 mètres de longueur à une vitesse convenable, soit 20 mètres par seconde ou 72 kilomètres par heure.

Dans le principe de la libre déviation, une vitesse de marche de 20 mètres
à la seconde correspondra à peu près à une vitesse de 40 mètres de l'eau
motrice, injectée par le distributeur ; ce qui revient à dire qu'il devra y
avoir une pression d'environ 80 mètres, ou 8 atmosphères effectives, dans
le tuyau.

Comme le distributeur aura les dimensions nécessaires pour débiter sous
une telle charge un volume de 200 litres par seconde, il en résulte qu'il y
aura une quantité de travail absolu de $200^{\text{kil}} \times 80^{\text{m}} = 16\,000$ kilogrammètres,
développée dans chaque seconde, c'est-à-dire qu'une puissance effective de
160 chevaux-vapeur sera appliquée à la propulsion du convoi (en comptant
sur un rendement de 75 pour 100 de la turbine, comme nous sommes pleinement autorisé à le faire d'après nos expériences, rapportées à la suite de
ce Mémoire). Or, cette puissance est plus que suffisante pour faire marcher
un train de voyageurs de 100 mètres à la vitesse de 72 kilomètres à l'heure
sur un chemin de niveau, surtout quand on songe à la facilité qu'on aura
d'atténuer considérablement la résistance de l'air par la forme des deux
wagons d'avant et d'arrière et par le rapprochement des wagons intermé-
diaires.

La pression de 8 atmosphères sera évidemment susceptible de certaines
variations, en ce sens qu'on pourra *forcer* dans une certaine proportion le

travail de la machine fixe, ou l'*atténuer* au contraire, suivant qu'on aura des trains plus ou moins forts à conduire, ou qu'on voudra marcher plus ou moins vite.

Réciproquement, il est nécessaire de remarquer que le principe de la libre déviation permettra au récepteur de maintenir une vitesse constante, malgré des variations assez considérables dans la pression motrice. Ainsi, suivant les différences de hauteur qu'offrira le profil en long de la voie, la pression pourra s'élever à 150 ou 160 mètres dans les fonds, comme elle pourra se réduire à 50 ou 60 mètres dans les parties élevées de la voie de fer, sans qu'il soit nécessaire de changer la vitesse normale de 72 kilomètres à l'heure, du moins tant qu'on n'aura pas, pour le faire, d'autre motif que le désir de maintenir le rendement ou effet utile du récepteur.

L'eau, une fois sortie de ce récepteur, sera encore susceptible d'être utilisée comme nous le dirons ci-après. Nous nous bornerons, pour le moment, à faire observer que le versement de cette eau sur la voie n'aura aucun inconvénient, moyennant quelques précautions très-simples, et qu'il sera facile de la recueillir dans les fossés latéraux, comme on y recueille les eaux pluviales.

4. L'action du récepteur hydraulique que nous venons de décrire sommairement, sans être absolument continue, sera du moins beaucoup plus régulière, pendant sa durée, que celle des pistons d'une locomotive, même quand elle est munie de contrepoids, parce que ceux-ci ne peuvent détruire, surtout pour les grandes vitesses, les perturbations dues aux mouvements rectilignes alternatifs.

La force propulsive agissant dans l'axe même des wagons, les divers mouvements irréguliers et nuisibles, connus sous les noms de *lacet, galop, tangage, roulis,* et dont la locomotive est la cause prédominante, seront considérablement diminués. Il en résultera :

1°. Moins de chances de déraillement;

2°. Moins de fatigue pour les voyageurs;

3°. Possibilité d'aller plus vite.

5. Nous indiquerons plus bas quelques autres circonstances accessoires propres au chemin de fer hydraulique. Nous n'insisterons ici que sur les principales conséquences de la suppression des machines locomotives.

(1). La locomotive voit tous les jours ses dimensions s'accroître, au point de devenir de plus en plus destructive pour la voie. En supprimant ces locomotives colossales, infiniment plus lourdes que chacun des wagons qu'elles remorquent, on assurera une bien plus longue durée aux rails, coussinets et traverses des chemins de fer existants, ou bien on pourra les faire notablement plus légers dans les chemins qu'on aurait à construire en vue de l'application du nouveau système.

(2). La suppression des locomotives, en supprimant les causes de dangers et d'accidents qui leur sont propres, assurera en outre aux voyageurs une complète sécurité. Il nous suffira, pour en donner une preuve malheureusement trop évidente, de rappeler les quatre accidents survenus dernièrement, en moins de quinze jours :

Au chemin de fer de Versailles, rive droite ;

Au chemin de fer de Paris à Strasbourg ;

Au chemin de fer de Paris au Havre ;

Et enfin, au chemin de fer de Nîmes à Montpellier, et dont l'emploi de la locomotive a été, dans tous les cas, la principale cause déterminante.

(3). En supprimant les mouvements de lacet et autres, cités plus haut, on détruira l'un des obstacles les plus puissants qui s'opposent aujourd'hui à l'accroissement de la vitesse sur les chemins de fer.

On tendra au même but par la suppression du poids mort des locomotives et des tenders, par la facilité de l'arrêt et de la mise en train aux stations, par l'absence de temps perdu pour faire de l'eau et du coke, et enfin par la concentration de la puissance de propulsion (à l'aide de prises d'eau plus ou moins rapprochées) aux points qui seront indiqués à l'ingénieur par le profil longitudinal de la voie.

Nul doute que ces diverses circonstances permettront, par exemple, de former des trains spéciaux marchant à 80 ou 100 kilomètres à l'heure, et que les trains ordinaires pourront diminuer d'un bon tiers la durée actuelle de leur parcours.

(4). De la suppression de la locomotive et de la facilité de concentration de la puissance en des points déterminés, naîtra la possibilité de franchir, avec de fortes charges et à grande vitesse, des rampes aujourd'hui impraticables ; par suite, grande simplification dans les tracés et économie importante dans les travaux d'art.

(5). Par un mode de propulsion plus régulier et plus doux, et qui permettra, à l'aide d'un système d'attelage invariable et plus favorable à la traction, d'éviter les oscillations et secousses, soit dans la marche, soit à la mise en route et à l'arrêt, on rendra le transport sur chemin de fer plus agréable pour le voyageur. On rendra aussi plus durables, non-seulement la voie, comme nous l'avons dit, mais encore le matériel roulant lui-même.

(6). Les wagons existants pouvant recevoir facilement des récepteurs propres à leur propulsion, et les tuyaux et distributeurs pouvant de même être établis sur les voies existantes, il en résulte que le nouveau système s'appliquera facilement aux chemins de fer tels qu'ils sont aujourd'hui.

6. Mais la question de propulsion une fois résolue, l'adoption de notre chemin de fer hydraulique aura encore deux conséquences importantes, qui peuvent se formuler de la manière suivante :

1°. Faire une distribution d'eau générale à haute pression (1) dans toutes les villes traversées par les chemins de fer hydrauliques ; opération évidemment avantageuse pour les compagnies, par cela même qu'elle épargnera aux villes les frais d'établissement et d'entretien de machines spéciales ;

2°. Utiliser l'eau, après qu'elle aura servi à la propulsion, pour l'irrigation des terres environnantes à l'aide d'un système de canaux (fossés existants) et de rigoles (principales et secondaires) convenablement établis.

Nous ne faisons qu'indiquer ici ces deux modes d'application.

CHAPITRE II.

LÉGENDE EXPLICATIVE DE LA GRAVURE ANNEXÉE AU PRÉSENT MÉMOIRE. DÉTAILS SECONDAIRES SUR L'ORGANISATION ET LA CONDUITE DES TRAINS, DANS LE NOUVEAU SYSTÈME, ETC.

7. La gravure représente :

D'une part, le plan général d'une prise d'eau, munie de ses distributeurs, des récepteurs (à deux étages), de la disposition des tiroirs, des courbes des récepteurs et des eaux qui y circulent, etc. ;

D'autre part, une coupe verticale et transversale des mêmes objets.

(*N. B.* — Les mêmes lettres indiquent les mêmes objets sur les deux figures. L'appareil étant dessiné en le supposant appliqué à un chemin à double voie, les deux moitiés de chaque figure sont symétriques par rapport au plan vertical passant par l'axe du réservoir d'air.)

A, gros tuyau de fonte placé au milieu des deux voies, pour amener l'eau destinée à produire la propulsion du convoi.

---

(1) La distribution de l'eau à haute pression pour le service des villes, et surtout pour le lavage des rues, l'extinction des incendies, etc., est de plus en plus appréciée en Angleterre. On prétend même qu'elle est plus économique, en ce sens que la forte pression sous laquelle l'eau est distribuée permet, pour plusieurs services, d'en restreindre beaucoup la quantité.

B, B,..., récepteurs de force (à aubes courbes), fixés sous les wagons, au moyen de paliers S, venus de fonte et ajustés sous les essieux. Ces paliers sont garnis de coussinets de bronze et de chapeaux solidement fixés : ils sont munis d'un petit réservoir d'huile. On voit par là que l'installation de ces récepteurs rectilignes peut se faire sans nécessiter de changements dans les wagons qui existent aujourd'hui : il suffira de rapporter de chaque côté des paliers, sur les essieux, des bagues en fer pour empêcher le récepteur de se déplacer.

C, C, prises d'eau sur le tuyau A, surmontées chacune de l'appareil de distribution, composé d'un tiroir et de deux injecteurs I, correspondant, l'un au récepteur supérieur qui produit la marche en arrière, l'autre au récepteur inférieur qui produit la marche en avant.

l, l, leviers auxquels sont fixées les tiges des tiroirs. Chaque levier est fixé à un petit balancier mobile autour de son point d'attache (parallélogramme d'Évans), agencement qui est motivé par la nécessité d'éviter la flexion de la tige du tiroir et d'assurer la marche rectiligne du point d'attache de ce tiroir au levier l. En outre, l'extrémité supérieure de chaque levier est maintenue dans son plan d'oscillation par un guide venu de fonte avec la plaque de l'injecteur I correspondant.

L, levier, ou barre, à la main du conducteur ; il est fixé à l'extrémité d'un arbre de couche supporté par des paliers venus de fonte avec le récepteur.

G, autre levier, ou joug, fixé à l'extrémité opposée de l'arbre de couche. Il porte à ses extrémités deux tringles T, T, coniques, légèrement flexibles, mais solidement fixées audit joug G dans la position oblique qu'indique la projection horizontale.

Le système L, G, T, T constitue, avec le tiroir auquel il est lié, le mouvement de marche, de changement de marche, d'arrêt, etc., que nous avons décrit plus haut d'une manière générale. Dans un convoi, il n'y aura que le récepteur du premier wagon et celui du dernier qui se trouveront munis de ce mécanisme, avec la différence que les tringles T, T auront leur inclinaison par rapport à l'axe du convoi en sens contraire. L'une des barres L se trouvera donc à la main du conducteur d'avant, l'autre à la main du conducteur d'arrière.

M, M, clapets servant à fermer la prise d'eau en cas de rupture, visite, ou réparation des appareils distributeurs. Les clapets étant fixés sur des axes qui traversent les parois de la prise d'eau dans les boîtes à étoupe, il sera facile de les manœuvrer à l'aide des leviers Q, Q, munis de contre-poids (qui tiennent ou tendent à tenir les clapets M constamment ouverts). Le clapet M une fois fermé, on a toute facilité, soit de réparer le distributeur sur place, soit de le remplacer par un autre, sans que le service de l'autre voie en souffre, celui de la voie auquel appartient le distributeur supprimé n'éprouvant d'autre inconvénient qu'un ralentissement tout à fait insensible.

Au milieu de l'intervalle qui sépare deux prises d'eau successives, on aura, dans le tuyau A, un *robinet-vanne*, de telle sorte qu'en fermant au besoin deux robinets-vannes successifs, on isolera entièrement une prise d'eau déterminée, sur les deux voies, ainsi que toute la partie de tuyau A comprise entre ces deux robinets-vannes. Il y aura donc deux manières distinctes, l'une partielle, l'autre complète, d'isoler une partie déterminée du chemin de fer, sans arrêter d'ailleurs le service des convois, par la raison toute simple qu'un train pourra toujours, en vertu de sa vitesse acquise, passer une prise d'eau sans en recevoir d'impulsion.

Quand on procède à une visite ou réparation partielle (le clapet M fermé), comme il pourrait arriver que des fuites, survenues au clapet sous la forte pression qui s'exerce dans l'intérieur de la conduite A, ne remplissent la prise d'eau et n'empêchassent de faire commodément les joints et réparations, on a ménagé dans une des parois un bouchon à vis, U, qu'on enlèvera au besoin pour fournir une issue aux eaux.

N, N, plaques de regard pour visiter, réparer et changer les clapets M (l'eau motrice étant alors interceptée par les robinets-vannes).

O, O, robinets pour mettre en communication au besoin les deux parties de la prise d'eau en avant et en arrière des clapets M. Quand, après avoir terminé les réparations, il s'agira de rouvrir le clapet, on commencera par ouvrir le robinet O qui rétablira l'équilibre de pression entre les deux côtés du clapet; après quoi ce dernier s'ouvrira très-facilement à l'aide du levier Q.

R, réservoir d'air placé sur la prise d'eau. Son objet principal est d'éviter les chocs qui tendent à se produire lors de la fermeture brusque des tiroirs, et de vaincre l'inertie de l'eau lors de leur ouverture.

Remarquez, en face des bouchons U, des canaux ménagés dans la maçonnerie pour l'écoulement des eaux, non-seulement de celles que les ouvertures U laisseront passer dans le cas exceptionnel dont nous avons parlé ci-dessus, mais encore et surtout de toutes celles qui, après avoir agi sur les récepteurs, tombent dans la tranchée où est établi l'appareil.

Marche de l'appareil.

8. Considérons, par exemple, le wagon de tête du convoi engagé sur la

voie de droite, qui marche dans le sens indiqué par la flèche sur la figure en projection horizontale. Le conducteur, placé en tête de ce convoi, a eu soin, avant d'arriver à la prise d'eau C, d'incliner sa barre L à droite ; par suite de ce mouvement, la tringle T de droite s'est trouvée assez abaissée pour pouvoir rencontrer par son extrémité d'avant le levier l du tiroir de droite, alors fermé ; la tringle T, en s'avançant comme le convoi dont elle fait partie, a forcé le levier l à s'incliner à droite et à ouvrir le tiroir, manœuvre qui s'est effectuée en $\frac{1}{10}$ de seconde. Il est presque inutile de faire remarquer ici que $\frac{1}{10}$ de seconde est en effet plus que suffisant pour vaincre l'inertie de la masse de l'eau comprise entre la surface de séparation de l'eau et de l'air dans le réservoir R et le tiroir distributeur. Car il ne s'agit que d'imprimer dans $\frac{1}{10}$ de seconde, une vitesse de 1 mètre à une masse d'environ 500 kilogrammes, ce qui exige $500^{\text{kil}} \times \frac{(1^{\text{m}},00)^2}{2g} = 25$ kilogrammètres ; mais comme, dans ce $\frac{1}{10}$ de seconde que dure l'ouverture du tiroir, il se dépense 10 kilogrammes d'eau sous une pression de 80 mètres, c'est-à-dire un travail de $10^{\text{kil}} \times 80^{\text{m}} = 800$ kilogrammètres, on voit donc que l'inertie ne consomme que les $\frac{25}{(800 - 25)} = \frac{1}{31}$ du travail réel transmis au récepteur pendant la période d'ouverture ; ce qui indique que la vitesse due à la première impulsion n'est réduite que d'une quantité insignifiante. C'est cet état de choses que la coupe verticale représente. Puis, le tiroir étant ouvert et buté contre l'arrêt qui limite sa course, la tringle oblique T, assez flexible pour s'infléchir légèrement, a pu échapper le levier du tiroir et continuer son chemin. Cette flexion de la tringle T est d'ailleurs une bonne chose, en ce qu'elle produit sur le levier du tiroir un effort tel, que celui-ci se trouve toujours ouvert complétement.

Voilà donc l'injecteur I ouvert ; l'eau peut agir sur le convoi, et lui communiquer, dans le sens de la flèche, une impulsion qui s'ajoutera à celles qu'il a reçues des prises d'eau précédentes et maintiendra sa vitesse de marche.

Mais cette action ne doit durer que quelques secondes (cinq par exemple, si le convoi, de 100 mètres de longueur, possède une vitesse de 20 mètres à la seconde). Au bout de ce temps, le tiroir doit se fermer à point nommé.

Pour comprendre comment cela a lieu, il faut maintenant jeter les yeux sur la partie gauche de la gravure, où nous avons représenté le dernier wagon d'un convoi allant en sens contraire de celui qui marche sur la voie de droite. Le conducteur placé en tête a ouvert le tiroir de marche par le moyen que nous avons expliqué plus haut; sa barre L est donc inclinée comme le montre le dessin. Le conducteur du dernier wagon a imité ce mouvement et incliné sa barre de même; dès lors, la tringle T (celle qui est située du côté extérieur de la voie) est assez basse pour atteindre l'extrémité du levier l qu'elle saisit extérieurement; en s'avançant, entraînée par le convoi dont elle fait partie, elle s'appuie contre le levier du tiroir, et ferme celui-ci; comme elle a une obliquité assez grande par rapport à l'axe du convoi, elle est obligée de s'infléchir légèrement pour se dégager du levier l, et cette flexion même assure la complète fermeture du tiroir.

La direction du convoi dépend essentiellement du conducteur qui se trouve sur le premier wagon. Il peut, en renversant la position de sa barre L, produire la marche en arrière; il peut de même, en tenant sa barre verticale, empêcher les tringles obliques T d'agir sur les leviers des tiroirs, et par conséquent passer, sans les ouvrir, un ou plusieurs injecteurs. L'autre conducteur, placé sur le dernier wagon, chargé uniquement de toujours fermer les injecteurs que le premier aura ouverts, n'aura pas à changer l'inclinaison de sa barre tant que le train marchera dans le même sens, à moins d'en être averti par le conducteur placé en tête à l'aide des signaux en usage (1).

En cas de besoin, on aura un moyen très-puissant (indépendamment des freins) d'arrêter le convoi, en faisant agir l'eau en sens inverse de la marche. On pourra user de la même ressource, soit, comme nous l'avons déjà dit, pour diminuer autant que possible les pertes de temps causées par les arrêts aux gares et stations, soit pour modérer la vitesse du train en descendant les pentes rapides. Ce moyen sera d'autant plus efficace, dans ce dernier cas, que l'on aura davantage rapproché les prises d'eau sur ces parties en pente, pour permettre aux trains ascendants de les gravir sans variation sensible de vitesse. Enfin il est à remarquer qu'on aura là une ressource précieuse pour éviter tout danger, en cas de rupture d'un frein.

---

(1) On peut remarquer ici qu'il serait facile de faire opérer la manœuvre des tiroirs, aux deux wagons d'avant et d'arrière, par un mécanisme unique placé sous la main du conducteur d'avant.

Mais comme d'autres considérations nécessitent la présence d'un conducteur à l'arrière du convoi, nous n'avons pas admis, dans le projet qui fait l'objet de ce Mémoire, cette hypothèse d'un mouvement de marche unique.

Détails secondaires sur l'organisation des trains, du service des gares, etc., dans le nouveau système.

9. Les avantages qu'il présente à cet égard sur le système actuellement en usage peuvent être énumérés ainsi qu'il suit :

(*a*). Chaque wagon portant son récepteur, on aura la faculté de composer un train comme on le voudra ; les wagons, en d'autres termes, pourront se mouvoir séparément ou marcher par groupes indéfinis.

(*b*). Par la même raison, et le récepteur pouvant d'ailleurs, comme on l'a vu, recevoir à volonté l'action de l'eau dans un sens ou dans l'autre, marcher en avant ou en arrière, sans qu'il soit jamais nécessaire de retourner le wagon, il en résulte que les plaques tournantes deviendront, dans la plupart des cas, inutiles. Des injecteurs, établis en nombre suffisant et aux points convenables, dans les gares et stations, faciliteront beaucoup ce service. D'autres facilités résulteront de la suppression des locomotives et de toutes les manœuvres qu'elles exigent pour tourner, aller faire de l'eau, etc.

(*c*). Les trains, faciles à composer au départ (*a*), pourront, non moins aisément, par suite de la suppression de la locomotive, se diviser sur leurs parcours, puis se grouper au retour d'une manière très-prompte.

On pourra avoir de petits convois composés de quelques wagons seulement, dont l'objet sera de faire profiter des trains-express les stations secondaires, en recueillant, d'une station principale à une autre, les voyageurs de ces stations secondaires, et les déposant aux stations principales un peu avant le passage du train-express.

Un employé du chemin de fer, recevant par le télégraphe l'ordre de se rendre sur un point quelconque de la ligne, pourra prendre un wagon et se mettre en route immédiatement. S'il rejoint un convoi, comme ce convoi marchera nécessairement dans le même sens que lui, il lui sera très-facile, en raison du peu de force vive dont son wagon est animé, de s'arrêter dans un temps très-court, et d'éviter ainsi tout accident. Il pourra d'ailleurs, pour atteindre plus vite ce résultat, renverser son tiroir, et faire agir l'eau motrice dans le sens opposé à la marche (*voir* page 14).

Cette facilité de parcourir la voie rapidement, sans attendre un convoi, rendra la surveillance de la ligne plus aisée et plus efficace.

(*d*). Plus de locomotives tenues dans les gares en stationnement, pour les cas d'urgence.

Ce sera là une conséquence naturelle de l'application d'une force motrice variable comme la résistance des diverses rampes distribuées sur toute la longueur de la ligne.

Cette distribution de la force motrice, on doit se le rappeler, ne sera pas affectée par un accident, quelle que soit sa cause (obstruction par la gelée, dérangement d'un tiroir, etc.), qui mettra momentanément une ou même plusieurs prises d'eau hors de service. Car la partie de la ligne où la force motrice ne pourra pas agir sera toujours limitée par la fermeture des deux robinets-vannes situés aux deux extrémités de cette lacune; en deçà comme au delà, le train recevra l'impulsion de la force motrice, parce que les machines fixes, placées de distance en distance pour alimenter la conduite, refoulent l'eau, à droite comme à gauche, jusqu'aux points où se trouvent les robinets-vannes, que nous supposons momentanément fermés. Or nous savons déjà que le train, en vertu de sa vitesse acquise, peut passer facilement devant une ou plusieurs prises d'eau fermées sans éprouver de retard notable dans sa marche. L'arrêt même d'une machine fixe n'apportera aucune entrave dans le service, parce que les devis, ainsi qu'on le verra ci-après, prévoient l'établissement de chaque machine en double, par imitation de ce qui se fait souvent pour les machines d'épuisement des mines.

Il n'y a qu'un seul cas, très-rare d'ailleurs, où l'on pourrait éprouver quelque embarras : c'est celui où, par un motif quelconque, un train, plus court que l'intervalle qui sépare deux prises d'eau successives, s'arrêterait vers le milieu de cet intervalle. Pour le remettre en marche, il suffira de pousser à bras le convoi jusqu'au plus prochain injecteur; ce qui se fera, soit au moyen de pinces, comme on le fait dans les gares pour manœuvrer des convois, soit en séparant les wagons, les amenant les uns après les autres au droit d'une prise d'eau, puis les réunissant de nouveau pour se mettre en route comme à l'ordinaire.

10. Nous avons parlé plus haut du cas possible d'obstruction d'un injecteur par la gelée. On doit reconnaître, en effet, qu'il y aura à prendre, en hiver, quelques précautions à cet égard; mais on sait que la locomotive offre, au même point de vue, des inconvénients au moins aussi sérieux, et qu'en outre son service est fortement compromis en temps de givre et surtout de neige.

En effet, il serait bien difficile d'empêcher le givre et le verglas sur les rails; mais rien ne serait plus aisé, au contraire, que d'empêcher les distributeurs de geler : un simple bec de gaz, placé sous la paroi très-voisine du tiroir, et alimenté par une conduite parallèle à celle de l'eau motrice, donnerait toute sécurité à cet égard. Ce mode serait d'autant meilleur,

qu'on peut allumer très-promptement, et faire varier l'intensité du bec de
gaz, selon le degré du froid. Qui ne voit dès lors que la rigueur du climat,
loin d'être un obstacle à l'adoption du chemin de fer hydraulique, constitue, au contraire, un motif spécial pour cette adoption ? Ajoutons qu'il est
facile de voir, par un calcul très-simple, que la quantité de chaleur ainsi
consommée, pendant la saison rigoureuse, ne serait qu'une minime fraction de celle qu'économiserait annuellement la substitution du nouveau
mode de propulsion au système actuel.

CHAPITRE III.

CONSIDÉRATIONS SUR LA COMPARAISON A FAIRE ENTRE LE SYSTÈME ACTUEL
ET LE SYSTÈME PROPOSÉ, AU POINT DE VUE DES POIDS REMORQUÉS PAR
UNE FORCE DONNÉE A UNE VITESSE DONNÉE, AINSI QU'AU POINT DE VUE
DES FRAIS DE LA TRACTION.

11. Pour établir une comparaison entre le mode de propulsion, décrit
dans les pages qui précèdent, et le système de traction par locomotives en
usage aujourd'hui, il est nécessaire, tout d'abord, de résoudre aussi approximativement que possible les deux problèmes suivants :

1°. Quelle quantité de travail faut-il développer pour le remorquage sur
un chemin de fer ?

2°. Quelle quantité de combustible faut-il brûler pour produire ce travail par les locomotives ? Quelle quantité brûlera-t-on dans le nouveau
système ?

Commençons par rappeler en peu de mots quelques données d'expériences, nécessaires pour la solution de ces questions.

12. M. de Pambour a constaté, par de nombreuses expériences, que la
résistance à la traction sur un chemin de fer en bon état, droit et horizontal, est les 0,0036 de la charge remorquée. On admet que la partie de cette
résistance qui est due à l'air est la seule qui croisse avec la vitesse, du
moins dans les limites de la pratique.

On a constaté, en second lieu, que, dans les parties courbes de la voie
de fer, la force centrifuge donne naissance à un surcroît de résistance qui,
pour les rayons de 5 à 600 mètres en usage, est les 0,0025 de la charge
remorquée. Enfin, quant à la résistance qu'éprouve de la part de l'air,
dans une atmosphère calme, un convoi composé de plusieurs wagons, on a

proposé, pour la représenter, diverses formules qui malheureusement ne sont pas en concordance. Ainsi, telle formule ne renferme que la section transversale du premier véhicule ; telle autre, déduite vraisemblablement d'expériences faites sur des wagons plus distants les uns des autres, tient compte en outre du nombre et de la surface des véhicules placés à la suite du premier. En résumé, la formule la plus simple nous paraît suffisante ici pour représenter la résistance de l'air avec une approximation convenable. En appelant U la vitesse du convoi, la résistance de l'air, par mètre carré de la section transversale du premier véhicule, est $0,124\ U^2$ kil.; soit 18 kilog. pour $U = 12^m,00$ par exemple.

13. Cela posé, prenons pour exemple le chemin de fer de Paris à Montereau, sur lequel M. Jules Poirée a fait une série d'expériences, les plus récentes que nous connaissions, qui ont été publiées pages 56 et suivantes des *Mémoires de la Société des Ingénieurs civils* (1er trimestre de 1852).

La moyenne des cinq observations de M. Jules Poirée, qui sont d'ailleurs parfaitement comparables entre elles, donne les chiffres suivants :

Charge moyenne d'un train de voyageurs remorqué sur le parcours de Paris à Montereau et retour (158 kilomètres), $99^{tonnes},4$;

Vitesse moyenne de marche à l'heure, $42^{kilom},8$;

Vitesse moyenne de marche à la seconde, $11^m,9$;

Consommation de coke correspondante, 1,642 kilogrammes.

En supposant que les parties courbes de la voie de fer composent le cinquième de la longueur totale du parcours (ce qui est probablement au delà de la vérité), on aura :

Résistance sur les parties droites et ramenées à l'horizontale . . . . 0,0036 P

Résistance des courbes, $\dfrac{0,0025}{5}$ P . . . . 0,0005 P

$\qquad\qquad\qquad\qquad$ Total . . . . 0,0041 P

ou $0,0041 \times 99400^{kil} =$ . . . . 408 kil.

L'augmentation de résistance, qui provient de ce que la vitesse était de $11^m,9$ au lieu de 8 à 9 mètres (comme dans les expériences de M. de Pambour citées plus haut) est de $0,124\left(\overline{11,9}^2 - \overline{8,5}^2\right) = 8^{kil},6$ par mètre carré. La section transversale sur laquelle s'exerce la résistance de l'air étant de 9 mètres carrés au plus, il y a donc lieu d'ajouter aux 408 kilogrammes ci-dessus 77

$\qquad\qquad$ Ce qui donne un total de . . . . 485 kil.

ou les $\dfrac{485}{99400} = 0,0049$ de la charge remorquée.

Admettons en nombre rond 0,005. Comme telle est aussi la pente maximum du chemin, et que chaque expérience comprend d'ailleurs l'aller de Paris à Montereau et le retour, on voit que la gravité ne développe aucun travail, soit moteur, soit résistant, et qu'il n'y a lieu de tenir compte d'aucune résistance extraordinaire à la traction sur les plus fortes rampes, puisqu'elles ne le sont pas assez pour produire, à la descente, une accélération qu'il faudrait détruire par l'action du frein.

Le travail de remorquage est donc de

$$0,005 \times 99400^{kil} \times 158000^{m} = \dots \dots \dots \quad 78\,526\,000 \text{ k. m}^s.$$

Il faut y ajouter celui que les freins consomment pour arrêter, à chaque station, une masse de 99 400 kilogrammes animée d'une vitesse de 10 mètres environ par seconde. Remarquant, d'ailleurs, que le nombre des stations est de quinze (douze pour le train omnibus et trois pour le train direct), on voit que le travail total consommé par les freins est de

$$15 \times 99400^{kil} \times \frac{(10)^2}{2g} \text{; soit} \dots \dots \dots \quad 7\,600\,000 \text{ k. m}^s.$$

$$\text{Total} \dots \dots \dots \quad 86\,126\,000 \text{ k. m}^s,$$

qui répondent à un effort de traction de

$$\frac{86\,126\,000}{99400 \times 158000} = 0,0055 \text{ du poids remorqué.}$$

Telle est donc approximativement la quantité de *travail effectif* à développer pour remorquer, de Paris à Montereau et retour, à la vitesse de près de 12 mètres par seconde, une charge de quatre-vingt-dix-neuf à cent tonnes.

Cette quantité de travail effectif étant produite par 1 642 kilogrammes de coke, cela revient à dire que la quantité de coke brûlé est, dans cet exemple,

$$\frac{75^{kil} \times 3600^{m}}{\frac{86\,126\,000}{1\,642}} = 5^{kil},15 \text{ par cheval effectif et par heure.}$$

14. Avant d'aller plus loin, il est nécessaire de dire que le travail de remorquage accusé par le dynamomètre, dans les expériences de M. Jules Poirée, est bien supérieur à celui que nous venons de trouver. Il est, en moyenne, de

$$136\,429\,250 \text{ k.} \times \text{m}^s.$$

Il fait baisser, par conséquent, la consommation de coke à

$$3^{kil},25 \text{ par heure et par } cheval \; effectif,$$

3.

et il fait monter, au contraire, la résistance à la traction aux

0,0087 du poids remorqué ;

résistance énorme, il faut le dire, puisqu'elle atteint les *quatre dixièmes* de celle d'une charrette de roulage sur une route ordinaire. Elle est d'ailleurs notablement supérieure à celle que donne l'application de la formule de Wyndham Harding, qui cependant ne distingue pas la résistance par tonne des wagons de celle, nécessairement beaucoup plus grande, de la locomotive et de son tender.

Mais en examinant les *diagrammes* relevés par M. Poirée, on remarque des variations extrêmement brusques et irrégulières dans l'intensité des efforts accusés par le dynamomètre. Nous n'avons pu parvenir à lier ces variations à une période quelconque qui les ferait dépendre, soit de la discontinuité des rails, soit du mode d'action de la machine motrice sur le train ; mais il n'est pas moins évident que, d'une part, les mouvements de lacet et autres, communiqués au train par la machine aussitôt que celle-ci atteint une certaine vitesse ; d'autre part, la déformation de la voie occasionnée par le poids énorme et toujours croissant des locomotives actuelles, trois fois plus lourdes que celles qu'avait expérimentées M. de Pambour, doivent être regardés comme les causes de l'accroissement de résistance à la traction, que manifestent les expériences comparées de MM. J. Poirée et de Pambour, alors qu'il semble que, par suite des progrès incessants de l'art, cette résistance aurait dû s'amoindrir de jour en jour.

Nous sommes convaincu que la suppression des locomotives ramènerait précisément la résistance à la traction au taux déterminé par M. de Pambour, pour les anciennes locomotives de huit à dix tonnes, en ayant égard toutefois, comme nous l'avons fait plus haut, à l'augmentation de résistance de la part de l'air, résultant de la vitesse réglementaire qui serait adoptée.

D'ailleurs, disons-le ici en passant, lorsqu'on réfléchit à quel point se trouve atténuée la résistance du maître-couple d'un navire, comparée à celle d'un plan mince d'égale section, on imagine aisément des moyens analogues d'atténuer la résistance de l'air à la marche des trains rapides. La suppression des locomotives faciliterait évidemment le succès de ce perfectionnement.

15. Revenant à notre sujet, nous dirons donc que, pour établir une juste comparaison entre le système actuel et le système proposé, il faut partir de ce point : qu'avec le premier, chaque cheval, utilement et effectivement appliqué au remorquage d'un train de voyageurs, dépense aujour-

d'hui, par heure, 5^{kil},15 de coke, qui équivalent à 5 ½ kilogrammes de houille, à très-peu près.

Maintenant, on sait que, dans les mines de Cornouailles, des machines qui ne sont pas toujours dans d'excellentes conditions, à cause du mécanisme compliqué des pompes qui puisent l'eau à des profondeurs de plus de 1500 pieds anglais, ne brûlent pourtant, en moyenne, que 1^{kil},20 à 1^{kil},30 par heure et par cheval en eau montée.

On nous accordera bien que, pour des machines du même genre, mais munies d'un équipage de pompes sensiblement plus simple, ce chiffre pourra s'abaisser jusqu'à 1^{kil},10.

M. Eugène Flachat nous a assuré que l'on arriverait aisément à une consommation inférieure à 1 kilogramme. On le comprend d'ailleurs facilement, en considérant que, d'après les expériences de M. J. Poirée, la consommation d'une locomotive, rapportée au travail pour la traction du *train brut*, descend à 2 kilogrammes par cheval et par heure, et cela en dépit des imperfections nombreuses et inhérentes à ce système de machines, et qui sont :

Une contre-pression égale à la pression de l'atmosphère augmentée de celle qu'il faut pour déterminer le tirage; c'est-à-dire impossibilité d'employer la condensation, comme dans les machines fixes, et d'utiliser la détente à beaucoup près aussi bien que dans ces dernières;

Perte de puissance occasionnée par des espaces nuisibles très-souvent répétés;

Autre perte pour faire mouvoir de grands tiroirs sous de fortes pressions, etc.

Revenant donc au chiffre de 1^{kil},10 pour nos machines fixes, et considérant que la perte occasionnée par les fuites et les frottements dans les conduits sera de 6 à 7 pour 100 au plus, comme le démontrent nos calculs de détails, nous voyons que nous brûlerons $\frac{1,10}{0,93} = 1^{kil},18$ de houille par heure et par force de cheval.

Or, d'après des expériences faites de concert avec M. Ch. Callon, insérées dans les *Comptes rendus de l'Académie des Sciences*, et relatées plus haut, nous avons constaté que, pour des variations de vitesse du simple au double, l'effet utile du récepteur (ici l'effet utile transmis au convoi) se maintient égal aux $\frac{75}{100}$ du travail moteur. Il est évident que si l'on obtient ce résultat avec une turbine circulaire dont les divers points sont animés de vitesses différentes, et dans laquelle certains effets de force centrifuge dérangent toujours un peu la marche des filets liquides, on l'obtiendra à plus forte raison d'un récepteur marchant en ligne droite, mais disposé d'ailleurs exactement d'après les mêmes règles théoriques et pratiques.

Nous brûlerons donc, en définitive, $\frac{1,18}{0,75} = 1^{kil},57$ de houille par heure et par force de cheval utile, effectivement appliquée à la propulsion du convoi.

Donc, à consommation de charbon égale, le propulseur hydraulique remorquerait, sur le chemin de fer de Paris à Montereau, une charge égale à $\frac{5,50}{1,57}$, ou trois fois et demie celle que l'on remorque aujourd'hui.

Remarquons d'ailleurs que, sur ce chemin, les pentes et contre-pentes ne dépassent pas $0^m,005$ par mètre. Si elles s'élevaient au double, c'est-à-dire à $0^m,010$, le poids remorqué, dans le nouveau système, dépasserait le quadruple de celui que remorquent les locomotives actuelles.

Et si, au lieu d'une vitesse de 45 kilomètres par heure, aujourd'hui en usage, on voulait réaliser une vitesse de 80 kilomètres sur le chemin de Paris à Montereau tel qu'il est établi, c'est à peine si les locomotives expérimentées pourraient se traîner elles-mêmes, avec leurs tenders et à cette vitesse, sur les rampes de $0^m,005$.

16. Il nous reste maintenant à poursuivre la même comparaison au point de vue des frais de traction, dans l'un et dans l'autre système.

Ici nous ne devons pas nous dissimuler que nous entreprendrions une tâche fort difficile s'il s'agissait en effet d'établir une comparaison précise, complète, entre deux modes de locomotion, dont l'un, celui en usage, nous est en quelque sorte étranger dans ses détails de service et de comptabilité, et dont l'autre, celui que nous avons décrit dans le présent Mémoire, n'est encore qu'à l'état de projet.

Mais cette difficulté sera évidemment vaincue, même pour les esprits les plus prévenus, si nous montrons que la *totalité* des frais afférents à la propulsion hydraulique, largement calculée, est égale ou peu supérieure aux frais qu'occasionnent les locomotives *pour le coke seulement*.

Réduite à ces termes, la comparaison demandée peut être établie en quelques lignes.

17. En effet, nous avons vu plus haut que la propulsion d'un train de Paris à Montereau et retour, requiert 86 126 000 kilogrammètres de travail utile.

Pour seize voyages, aller et retour, en vingt-quatre heures, on devra donc

développer 1 378 016 000 kilogrammètres, ou 212 chevaux *effectifs*, con-
tinus, qui, dans le système de la propulsion hydraulique, coûteront
annuellement en combustible (le prix de la tonne de houille étant compté
à 30 francs),

$$212^{\text{chev}} \times 1^{\text{kil}},57 \times 24^{\text{h}} \times 365^{\text{j}} \times 0^{\text{f}}03 = \dots \qquad 87\,450 \text{ fr.}$$

On aura à établir 79 000 mètres de tuyaux en fonte, de $0^{\text{m}},35$
à $0^{\text{m}},50$, qui coûteront, avec leurs robinets-vannes, 3 950 000 fr.,
dont l'intérêt à 6 pour 100 est de 237 000

De distance en distance (et spécialement dans les gares et
stations, où il y aura lieu de faire agir simultanément plusieurs
injecteurs sur le convoi pour en opérer le démarrage), on établira de grands *réservoirs d'air* dont l'effet sera : 1° d'emmaga-
siner la force motrice des machines fixes marchant d'une manière continue, et de l'approprier ainsi aux exigences variables
du service de la propulsion; 2° de vaincre très-rapidement
l'inertie de l'eau accumulée dans les tuyaux, lorsque son écoulement ne sera pas continu par suite même de la composition
du convoi, et de diminuer le frottement dans ces tuyaux. Nous
compterons soixante-dix-huit réservoirs d'air placés de 1000 en
1000 mètres en moyenne, plus un réservoir d'air dans chaque
station; ce qui en portera le nombre total à quatre-vingt-dix,
valant 270 000 francs, dont l'intérêt à 6 pour 100 est de 16 200

Enfin sept cent quatre-vingt-dix appareils distributeurs seront
répartis sur le parcours; il y aura, en outre, cinq appareils en
moyenne dans chaque station pour le service de gare et pour
opérer rapidement le démarrage. Ce sera donc en tout huit cent
cinquante appareils à établir; ils coûteront 425 000 francs, dont
l'intérêt compté à 7 pour 100, pour tenir compte des frais d'entretien et de réparation, est de 29 750

Enfin, 212 chevaux de force effective, répartis entre trois ou
quatre usines et produits par des machines doubles [de manière à avoir toujours un équipage au repos et en parfait état,
pendant que l'autre sera en activité (1)], coûteront, à raison de
2 000 francs par cheval, 424 000 francs; l'intérêt de ce capital,

---

(1) Disposition imitée de celle qu'on rencontre dans les grandes machines d'épuisement
pour les mines, dont le service ne doit jamais être interrompu.

                              Report. . . . . 370 400 fr.
augmenté des frais d'entretien, de réparation et de personnel,
sera compté de 10 pour 100, ou de 42 400
Somme à valoir. 7 200
                    (1) Total des frais de traction par an. . . . . 420 000 fr.

La dépense annuelle des locomotives en combustible seulement (et *sans rien compter* pour l'allumage ni pour la consommation des machines tenues en réserve dans les stations) serait
de

$$212^{chev} \times 5^{kil},5 \times 24^h \times 365^j \times 0^f,03 = \qquad 306\,420$$

                    La différence. . . . . 113 580 fr.

n'est certainement pas *la moitié* de ce que coûte annuellement le service de
la traction par locomotives pour tous les frais autres que le coke, savoir :
eau, graisse et huile, salaires des mécaniciens et chauffeurs, entretien, réparation et renouvellement des locomotives.

Si l'on admettait maintenant un chiffre de circulation de vingt-quatre
voyages par jour, aller et retour (il est clair que ce chiffre n'a rien d'exa-
géré, lorsqu'on réfléchit que la diminution notable des frais de traction, en
permettant d'abaisser le prix du transport des marchandises et des voyageurs,
activerait, par cela même, la circulation à un haut degré), on arriverait aux
résultats suivants, qui sont encore plus favorables au nouveau système :

TOTALITÉ des frais annuels de la propulsion hydraulique (force effective,
318 chevaux) . . . . 485 000 fr.
Dépense annuelle des locomotives, EN COKE SEULEMENT,
toutes choses égales d'ailleurs. . . . . 460 000 fr.

18. Notons, en outre, et pour mémoire :

1°. Que nous avons négligé à dessein l'économie qui naîtra de l'emploi
plus ou moins fréquent des forces hydrauliques naturelles que le chemin
de fer rencontrera sur son parcours ;

2°. Que nous avons négligé également les bénéfices qui résulteront, soit

---

(1) Nous ne comptons *rien* pour les récepteurs à adapter aux wagons, ni pour les méca-
nismes à appliquer à ceux de ces wagons qui seront à l'avant et à l'arrière des trains. Cette
dépense est insignifiante. D'ailleurs il est à remarquer que nous négligeons ici l'économie
résultant de la diminution de poids, sur un chemin *à faire,* ou de l'augmentation de durée,
sur un chemin *déjà existant,* de matériel de la voie.

de la vente des eaux ayant servi à la propulsion, soit de celle des eaux *à haute pression*, qu'on pourra distribuer dans les localités traversées par les chemins de fer, à la seule condition de donner un certain excédant de puissance aux machines fixes (1).

19. Tels seront les profits du nouveau système pour les compagnies qui l'exploiteront. Mais il est important de faire remarquer, dans l'intérêt même de ces compagnies, que le public en retirera des avantages non moins considérables. Ainsi :

L'abaissement des tarifs, qui résultera de l'abaissement des frais de traction, en activant la circulation dans une proportion qu'il ne nous est pas donné de prévoir, aura pour effet, non-seulement de réagir favorablement sur les recettes des compagnies, mais encore de développer à un haut degré les forces agricoles, industrielles et commerciales du pays.

Les eaux disponibles pour l'irrigation seront un bienfait incontestable pour les terres, bordant les chemins de fer, qui pourront en profiter. Mais leur utilisation procurera indirectement un avantage bien autrement grand, en servant d'exemple dans les trop nombreuses contrées où la pratique des irrigations est encore inconnue, ou à peu près.

En faisant des distributions d'eau générales, à haute pression, dans toutes les localités traversées par le chemin de fer hydraulique, on rendra un important service aux villes auxquelles cette opération épargnera désormais les frais d'établissement et d'entretien de machines spéciales.

Enfin, en réduisant des trois quarts environ la consommation en houille de ces immenses usines qu'on appelle *les chemins de fer*, on ménagera, pour le présent et surtout pour l'avenir, nos richesses en combustible minéral, richesses trop rares et d'autant plus précieuses que les mines de houille sont des forêts qui ne se reproduisent pas.

---

(1) Il nous serait facile d'établir que ces bénéfices, calculés sur des bases très-modérées, pourront être tels, dans certaines localités, que notre mode de traction, loin de *coûter de l'argent* aux compagnies qui l'emploieront, leur en *rapportera* au contraire, et qu'ainsi la *portion* des frais de traction, *quelle qu'elle soit*, qui résulte de l'emploi des locomotives à vapeur, se trouvera *supprimée*.

4

ADDITIONS.

I. — *Extrait du* Journal des Débats *du 20 août* 1852.

« Quand on considère sans prévention aucune l'insuffisance des dernières améliorations apportées péniblement à la locomotive, on arrive à
souhaiter sa suppression complète comme le plus beau et le plus efficace de
tous les perfectionnements. Oui! car il faut bien le reconnaître, au risque
de scandaliser tant d'admirateurs sincères de cette magnifique création, la
locomotive est une source d'accidents funestes, de dépenses énormes, et, ce
qui semblera plus surprenant encore, elle est actuellement le seul obstacle
réel à une accélération croissante du service des chemins de fer. Nous ne
sommes pas seul à juger si sévèrement la locomotive. Les premiers qui aient
compris qu'elle n'aurait peut-être pas l'avenir pour elle, ce sont les inventeurs
du chemin de fer atmosphérique; ils n'avaient pas seulement pour but de
faire du nouveau et de l'extraordinaire, M. Medhurst, MM. Clegg et Samuda,
quand ils ont proposé de développer la force motrice dans des machines
fixes, et de la transmettre au convoi par un organe intermédiaire régnant
dans toute la longueur du chemin; ils voulaient délivrer le voyageur du
voisinage redoutable de la machine à feu et des mouvements divers qu'elle
communique à sa suite; ils voulaient échapper à la nécessité de faire voyager
cette masse dont le poids inerte exerce sur le rail un effet destructeur; ils
comptaient même ainsi gravir les pentes, et, par suite, réduire de beaucoup
les immenses dépenses en travaux d'art que l'on fait pour les éviter.

» L'idée était donc grande et bonne en elle-même, et si elle n'a pas
pleinement réussi, il faut s'en prendre à la nature de l'organe de transmission, qui était mal choisi. Ce tube, fendu dans toute sa longueur, où glisse,
sous la pression de l'atmosphère, un piston qui mène à Saint-Germain, et
dans lequel de colossales machines ne peuvent opérer qu'un vide impar-
fait, rappelle trop fidèlement le tonneau des Danaïdes; il perd dans toute
son étendue et ne transmet qu'une bien faible partie de la force qu'on lui
confie. D'autre part, les grandes machines fixes qui, à de rares intervalles,
s'épuisent à opérer le vide dans cette espèce de panier percé, consomment,
pour se tenir toujours chaudes et prêtes à marcher, d'énormes quantités de

combustible qui se dissipent en pure perte. Et cependant, malgré de si graves imperfections, le chemin de fer de Saint-Germain a pu, grâce à l'écartement de la locomotive, faire gravir aux trains qui le parcourent une rampe assez rapide, et procurer aux voyageurs l'agrément d'un transport exempt de l'insupportable mouvement de lacet.

» Que serait-ce donc si, en poursuivant la même idée, on arrivait à développer sans cesse et à mettre en réserve des quantités indéfinies de force motrice, avec la certitude de la retrouver au moment du besoin, et de la dépenser utilement dans telle direction qu'on voudrait, et dans toute l'étendue d'une ligne de fer? Une telle combinaison existe, nous en avons la conviction, et le lecteur la partagera certainement avec nous, s'il veut bien prendre connaissance du système du chemin de fer hydraulique imaginé par M. Girard.

» Comme dans le chemin de fer atmosphérique, règne dans le nouveau système, tout du long de la voie, un gros tuyau de fonte dans lequel on n'a pas la prétention de contenir le vide, mais tout simplement de l'eau soumise à une haute pression, telle que serait celle exercée par un réservoir situé à 80 mètres au-dessus. Si l'on perce en un point quelconque la paroi de ce gros tube, l'eau en jaillira avec une vitesse que l'on estime, avec une grande certitude, égale à 40 mètres par seconde ; c'est cette vitesse de l'eau jaillissante que l'on utilise pour faire courir les wagons. Pour cela, on les garnit tous sous la caisse d'une série rectiligne d'aubes courbes, comparables à celles qui composent la couronne mobile des turbines ; et, suivant le sens de leur courbure et la direction du jet, le wagon est sollicité à marcher dans un sens ou dans l'autre. Il est vrai que l'injecteur étant fixe et le wagon n'ayant pas une grande longueur, celui-ci a bientôt échappé à l'action propulsive ; mais un peu plus loin se trouve un nouvel injecteur qui prolonge l'action du premier, puis s'en trouve un troisième, et ainsi de suite tout le long de la voie, de 100 mètres en 100 mètres ; en sorte que le wagon ne peut manquer d'arriver à destination avec une vitesse dépendant de la puissance et de la vitesse de ces différents jets d'eau.

» Tout à l'heure nous parlions d'utiliser la force avec économie ; il est certain que cette indication serait fort mal remplie si tous les injecteurs entés sur le tube longitudinal débitaient continuellement leur eau à grande vitesse, et que bientôt les réservoirs, quelque vastes, quelque bien alimentés qu'ils fussent, seraient mis à sec : aussi les injecteurs sont-ils habituellement fermés par des tiroirs disposés de manière à s'ouvrir seulement au moment du passage de la tête du convoi, et à se fermer

4.

quand vient à passer à son tour l'arrière de la dernière voiture. On peut
s'en rapporter au génie de l'auteur pour la simplicité du mécanisme qui
exécute cette distribution, et nous tenir quitte des détails arides où nous
entraînerait sa description.

» Jusqu'ici le wagon ou le convoi va toujours dans la même direction
et ne paraît pas susceptible de retourner en arrière; cependant, si l'on ren-
versait les injecteurs et les aubes, le sens du mouvement serait changé.
Comme on ne saurait effectuer une pareille manœuvre, M. Girard, voulant opérer indifféremment l'aller et le retour, a pourvu tous les wagons
de deux systèmes d'aubes superposées et courbées en sens inverse, et de
même à chaque prise d'eau se trouvent deux injecteurs dirigés en sens opposés, dont les tiroirs sont commandés par des distributeurs placés en tête
et en queue du convoi; ces distributeurs fonctionnent à la volonté du conducteur du train, qui a sous la main un levier dont la position suspend ou
provoque l'écoulement de l'eau ou en détermine le sens.

» Le point sur lequel nous nous plairons, avant de passer outre, à fixer
surtout l'attention, c'est la puissance extraordinaire, invraisemblable, de ce
moyen de propulsion, inusité jusqu'à ce jour, de cette vigoureuse colonne
d'eau, qui, pour acquérir une force de 160 chevaux, ne doit pas excéder
de beaucoup la grosseur du bras; mais, pour être énorme, cette force n'en
est pas moins docile, car un dixième de seconde suffit, soit pour la mettre
en jeu, soit pour en suspendre la dépense, ce qui fait que les orifices fonctionnent utilement et exactement pendant les quelques secondes que dure
le passage du train, et pendant lesquelles ils demeurent ouverts.

» Voilà ce qu'il y a de plus original dans le chemin de fer hydraulique
de M. Girard. Il est bien facile actuellement de comprendre que, pour
suffire à la dépense des injecteurs, il faut, au fur et à mesure que l'eau s'é-
coule, en élever ou en refouler de nouvelles quantités dans les réservoirs au
moyen des moteurs les mieux appropriés à la localité. Là où se trouvent
des cours d'eau, on fera bien de créer une chute, et de s'en servir pour alimenter un moteur hydraulique qui épargnera du combustible. Là au contraire, où manque l'eau courante, on devra recourir à la machine à vapeur;
mais on l'établira en profitant de tous les avantages que présente la machine
fixe comparée à la locomotive. On n'aura pas besoin de lui donner les proportions colossales des machines atmosphériques, parce que son service
étant continu, et non intermittent, elle accumulera, sous forme d'eau élevée, un travail qui ne se dissipe pas par les fentes, et qui peut être emma-
gasiné d'avance. Ce sera une belle machine, à basse pression, à détente et à

condensation, une machine dans le style de celles de Cornouailles, qui passent pour les plus économiques du monde.

» Le chemin de fer hydraulique a cependant un côté faible dont l'avenir seul peut le corriger; il n'existe que dans la tête d'un homme, bonne tête sans doute, où il fonctionne au grand complet, mais non pas précisément sous les yeux du public; aussi, en attendant qu'il en puisse juger par lui-même, devons-nous résumer et justifier les principaux avantages qui résulteraient infailliblement de l'application générale du propulseur hydraulique :

» Suppression de la locomotive, de son tender et de tous les inconvénients qui s'attachent à son emploi : explosion, incendie, cahots, mouvements divers de lacet, de galop, de roulis, de tangage; et, par suite, accroissement possible de la vitesse usuelle; suppression d'un poids inerte considérable qui surcharge et dégrade le matériel roulant;

» Suppression d'un grand nombre de plaques tournantes;

» Facilité de gravir des pentes de 3 à 4 centimètres, et simplification des travaux d'art; car, en rapprochant les injecteurs en conséquence, on augmente, autant qu'il en est besoin, la puissance de traction;

» Augmentation indéfinie de la longueur des convois ou du nombre des wagons, car chaque voiture porte ses récepteurs et ses distributeurs, et puise sur la voie la force nécessaire à sa locomotion; et, par la même raison, démembrement possible d'un convoi de départ entre plusieurs embranchements de la voie;

» Mise en train très-rapide et arrêt également très-prompt; toutes les stations desservies avec des trains directs, le dernier wagon pouvant se détacher, s'arrêter momentanément et recourir après le convoi;

» Économie de 60 à 80 pour 100 dans les frais de traction;

» Absence complète de poussière, bien entendu;

» Irrigation des terres adjacentes au moyen des eaux de propulsion recueillies dans les fossés;

» Distribution de force motrice dans toutes les villes traversées par le chemin de fer, et mises à même de pratiquer des prises d'eau sur le tube longitudinal.

» Nous ne sommes pas sûr de n'avoir rien oublié; mais il nous semble qu'en voilà bien assez pour donner à réfléchir aux savants, aux industriels et aux hommes d'État. » (LÉON FOUCAULT.)

II. — *Note sur des expériences constatant l'augmentation de rendement due à l'hydropneumatisation des turbines.*

[Extrait du Compte rendu de la séance de l'Académie des Sciences du 28 avril 1851.]

« Nous avons indiqué, dans un précédent Mémoire, l'avantage théorique qui pouvait résulter d'une disposition ayant pour but de débarrasser les turbines des eaux extérieures d'aval qui occasionnent une perte notable due au frottement de ce moteur sur le liquide, et aux tourbillonnements dans les canaux mobiles. La Note présentée aujourd'hui à l'Académie contient le détail d'expériences faites sur une turbine Fontaine d'une force de 30 chevaux, placée, depuis cinq ans, dans la papeterie de M. A. Dufay, à Égreville, sous une chute de $1^m,10$.

» Pour avoir d'abord le chiffre du bénéfice dû à la suppression du frottement, nous avons fait marcher la turbine à pleine eau, noyée, puis dénoyée. Nous avons reconnu qu'avec une vitesse de vingt-huit à vingt-neuf tours par minute, le frottement est de 4 pour 100, c'est-à-dire que si l'on représente par 1 le travail de la turbine noyée, le travail de la turbine dénoyée est de 1,04. Le nombre de vingt-huit à vingt-neuf tours étant le minimum de vitesse, 4 pour 100 est le minimum de frottement; en sorte que, pour un nombre de tours plus grand, trente-quatre à trente-cinq tours par exemple, vitesse ordinaire, le frottement croîtra à peu près dans le rapport $\frac{n^2}{n'^2}$, n' étant le minimum de tours. D'où il suit aussi que le frottement 0,04 correspondant à une dépense Q'; pour une autre dépense Q, on aura comme expression du frottement correspondant $\left(\frac{Q'}{Q}\right.$ étant égal à K$\left.\right)$, $Kf = f'$.

» Représentant par T' le travail de la turbine noyée, par T le travail de la turbine dénoyée, on aura alors

$$\frac{T}{T'} = 1 + Kf.$$

Il restait à chercher l'influence des tourbillonnements dans les canaux mobiles par suite de la variation de la dépense.

» A cet effet, nous avons successivement observé le rendement de la turbine avec diverses levées de vanne. Dans plusieurs expériences, nous n'avons pas remarqué une augmentation sensible produite par notre procédé; mais quand la vanne a été au tiers de sa hauteur (ce qui rend K = 3), nous avons constaté un accroissement d'effet utile dont l'expression est donnée par la formule

$$\frac{T}{T'} = \frac{n}{n'} \times \frac{Q'}{Q} + f'' - f',$$

ou

$$\frac{T}{T'} = \frac{n}{n'} \times \frac{Q'}{Q} + f'\frac{n^2}{n'^2} \times \frac{Q'}{Q} - f',$$

les valeurs de n et n', déduites des expériences, étant $n = 34$, $n' = 28,5$.

» Les valeurs de Q et Q', déduites des observations et de calculs fort simples, étant en fonction des hauteurs de chute

$$\frac{Q'}{Q} = \sqrt{\frac{h'}{h}} = \sqrt{\frac{1,031}{0,82}},$$

on en tire

$$\frac{T}{T'} = \frac{n}{n'} \times \sqrt{\frac{h'}{h}} + f'\frac{n^2}{n'^2} \times \sqrt{\frac{h'}{h}} - f',$$

et, en substituant les valeurs numériques,

$$\frac{T}{T'} = \frac{34}{28,5} \times \sqrt{\frac{1,031}{0,82}} + 0,12 \times \frac{\overline{34}^2}{28,5} \times \sqrt{\frac{1,031}{0,82}} - 0,12 = 1,4,$$

c'est-à-dire que l'hydropneumatisation de la turbine, lorsque la levée des vannes est réduite au tiers de sa hauteur totale, augmente de 40 pour 100 le travail qu'elle transmet, étant noyée.

» Les expériences ne nous ayant donné ce bénéfice qu'avec une levée de vanne du tiers, nous avons été conduit à examiner la construction de la turbine; nous avons reconnu que le nombre des adducteurs étant environ de moitié du nombre des canaux récepteurs, la veine ne pouvait dévier librement que dans le cas spécial indiqué plus haut. D'où il résulte qu'en construisant des turbines où la déviation peut avoir lieu, quelle que soit la levée de vanne, le travail perdu par les tourbillonnements sera constamment racheté. »

III. — *Note sur des expériences faites sur une turbine de nouvelle construction, du système hydropneumatique.*

[Extrait du Compte rendu de la séance de l'Académie des Sciences du 6 octobre 1851.]

« I. Nous avons donné, dans une précédente Note (*Compte rendu* de la séance du 28 avril 1851), les résultats d'expériences sur l'*hydropneumatisation* d'une turbine Fontaine, qui ont prouvé, qu'en construisant des turbines où la *libre déviation* des veines liquides aurait toujours lieu, quel que fût le volume d'eau dépensé, on devait obtenir de ces récepteurs un rendement à très-peu près *constant*, c'est-à-dire égal au maximum obtenu quand la turbine marche *pleine d'eau*.

» Nous avons été assez heureux pour rencontrer, dans M. A. Dufay, propriétaire de la papeterie d'Égreville (Seine-et-Marne), un industriel capable d'apprécier la haute importance de ce problème, dont la solution assigne désormais à la turbine le premier rang parmi les récepteurs hydrauliques, puisqu'elle la relève du reproche de ne donner qu'un faible rendement dans les sécheresses, c'est-à-dire dans la saison où un fort rendement a, en général, le plus de prix.

» Nous avons l'honneur d'exposer aujourd'hui à l'Académie le résultat des expériences faites sur la nouvelle turbine que nous venons d'établir à Égreville, et qui ont eu lieu en présence de MM. A. Dufay, Ch. Callon, ingénieur, Henriot, directeur de l'usine, et l'auteur.

» Ces expériences, vu l'époque où elles ont été faites, ont porté sur de petits volumes et sur de hautes chutes, c'est-à-dire que la turbine s'est trouvée *naturellement* dénoyée.

» Cette turbine a la forme générale de la turbine Fontaine, sauf que, 1° ses vannettes, au nombre de quarante, au lieu de se lever *toutes ensemble et d'une quantité variable*, selon le volume de l'eau à dépenser, se lèvent par couples diamétralement opposés et toujours de toute leur hauteur, mais en *nombre proportionné* à la masse liquide qu'on veut faire agir sur le récepteur; 2° ses canaux mobiles ou récepteurs, en nombre *égal* à celui des adducteurs, ont été tracés suivant une forme qui assure la libre déviation de la veine liquide.

» Quand les eaux d'aval seront remontées au point de noyer la turbine, on *hydropneumatisera* celle-ci, afin de la maintenir dans les mêmes conditions de rendement, en la débarrassant de l'action des eaux extérieures d'aval.

» II. Les huit premières colonnes du tableau ci-après ne réclament aucune explication.

» Pour obtenir les quantités d'eau consignées dans la neuvième colonne, nous avons calculé purement et simplement, dans chaque cas, le volume correspondant à l'aire totale des adducteurs ouverts et à la charge de l'eau d'amont au-dessus de l'orifice de ces adducteurs, en prenant pour coefficient de réduction de la dépense 0,90, chiffre qui doit être plutôt trop fort que trop faible, ainsi que l'ont démontré les observations qui suivent.

» La papeterie d'Égreville est mise en mouvement par deux turbines du système Fontaine, précédemment établies par M. Ch. Callon, et par celle qui fait le sujet de la présente Note. Ayant arrêté les trois turbines, on s'est assuré qu'il fallait ouvrir, d'une certaine quantité, la vanne en tête de la dérivation, pour empêcher le niveau de baisser dans le canal d'amenée de l'usine. Après quelques tâtonnements, ce niveau s'est maintenu parfaitement constant pendant au moins cinq minutes, tant en amont qu'en aval de la vanne de prise d'eau, moyennant une ouverture de $0^m,21$ de cette vanne, large de $2^m,500$, et une différence de niveau de $0^m,08$ de l'amont à l'aval; ce qui correspond à une dépense d'environ

$$0,66 \times 2,500 \times 0,21 \sqrt{2g \times 0^m,08} = 0^{mc},434,$$

en adoptant $0,66$ pour coefficient de contraction.

» La turbine neuve n'était et ne pouvait être pour rien, vu le mode de construction et de manœuvre de ses vannettes, dans cette perte de 434 litres par seconde, qui doit, par conséquent, être défalquée de celle qui va être ci-après calculée.

» Or, quand vingt vannettes (sur quarante) ont été ouvertes (expérience n° 22), nous avons observé que la dénivellation qu'elles produisaient depuis l'entrée de la prise d'eau jusqu'à la vanne précitée, ouverte en grand, était de $0^m,05$, la profondeur étant d'ailleurs de $1^m,15$ en moyenne. Il passait donc par cette prise d'eau un volume qui était théoriquement de $2^m,50 \times 1^m,15 \times \sqrt{2g \times 0,05}$, ou $2^{mc},846$. Il est *impossible* d'estimer les frottements et contraction au-dessous de $0,05$ de la dépense; c'est-à-dire que le volume réellement dérivé était au plus, $0,95 \times 2^{mc},846 = 2^{mc},704$; à défalquer, comme il a été dit, $0^{mc},434$. Reste pour la dépense de la turbine neuve, et par seconde, $2,704 - 0,434 = 2^{mc},270$.

» Or, nous avons par les adducteurs (expérience n° 22), $2^{mc},304$.

» Il y a donc concordance, à $1\frac{1}{2}$ pour 100 près, entre les deux modes de jaugeage, et nous avons choisi le plus défavorable comme point de départ de nos calculs.

» III. En examinant quelques instants le tableau ci-après, on reconnaîtra de suite :

» 1°. Que, pour des vitesses variables entre dix-huit et vingt-sept tours par minute, et pour des volumes variables entre 651 et 2304 litres (six à vingt vannettes ouvertes sur quarante), le rendement s'est maintenu entre 70 et 75 pour 100 en nombre rond ;

» 2°. Qu'en chargeant la turbine de manière à réduire sa vitesse à neuf

5

ou dix tours seulement par minute (expériences n°s 18 et 19), on a encore un rendement de 60 pour 100.

» Le premier de ces résultats est celui sur lequel nous désirons surtout appeler aujourd'hui l'attention de l'Académie.

» En effet, il est digne de remarque que, tandis que la turbine de Mühlbach (*Hydraulique* de d'Aubuisson, page 466, ou *Expériences* de M. Morin), dont le rendement monte à 0,79 lorsqu'elle marche à pleine eau, voit ce rendement baisser à 0,37 quand la levée des vannes est réduite à $\frac{5}{27} = 0,185$, la nouvelle turbine d'Egreville travaille avec un rendement constant, lors même que le nombre des vannes ouvertes est réduit aux $\frac{6}{40} = 0,15$ du nombre total.

» IV. Voici encore une expérience, en quelque sorte toute pratique, que nous avons entreprise pour comparer l'effet utile de la nouvelle turbine avec celui des deux turbines, du système Fontaine, déjà existantes dans l'usine.

» La charge complète de ces deux turbines, telle qu'elle résulte des expériences faites dans le temps par M. Ch. Callon, ne peut pas dépasser 45 chevaux. Or, quand ces deux turbines marchaient, le 15 septembre dernier, elles produisaient à l'entrée de la prise d'eau, toutes choses égales d'ailleurs, une dénivellation de 0^m,09, là où une dénivellation de 0,05 suffirait à la nouvelle turbine pour donner 41^{ch},84 (expérience n° 22).

» Cela veut dire que si la nouvelle turbine eût dépensé l'eau qu'absorbaient les deux autres, elle eût donné au frein une force de $41^{ch},84 \sqrt{\frac{0,09}{0,05}} = 56$ chevaux environ; celles-ci n'en donnent que 45 au maximum, en marchant pleines d'eau.

Tableau des Expériences faites les 14 et 15 septembre 1851 sur la Turbine du Système hydropneumatique établie à Égreville (Seine-et-Marne).

NUMÉROS DES EXPÉRIENCES	CHARGE DU FREIN r = 3m,50. (P)	NOMBRE DE TOURS DE L'ARBRE — compté à plusieurs époques de chaque expérience et par minute	NOMBRE DE TOURS — Moyennes (N)	CHUTE (H)	CHARGE SUR LE CENTRE des orifices adducteurs, génératrice de la vitesse des veines d'eau affluentes : $C = H - 0^m,34$	NOMBRE DE VANNETTES LEVÉES (n)	SECTION TOTALE des orifices adducteurs ouverts : $n \times 0^m,52 \times 0^m,046 = S$	VOLUME DE L'EAU dépensée par la turbine en une seconde : $0,9 \times S \times \sqrt{2gC} = Q$	TRAVAIL THÉORIQUE exprimé en chevaux : $T = \dfrac{Q.H}{75}$	TRAVAIL EFFECTIF EN CHEVAUX, calculé au moyen du frein ; r = 3m,50, 2πr = 22m,00, $T' = \dfrac{P.N \times 22^m}{60'' \times 75^{km}}$	RENDEMENT DE LA TURBINE $\frac{T'}{T}$	$\frac{T'}{T}$	OBSERVATIONS
	P (k)	(t)	N (t)	H (m)	C (m)	n	S (m²)	Q (lit)	T (chev)	T' (chev)			
1	42	20 ½ 22 ½ 23,0	23,08	1,80	1,46	4 (sur 40)	0,0956	460	11,04	4,74	0,43	0,43	PREMIÈRE SÉRIE (14 septembre). Dans cette série, la turbine formait un peu frein contre son vannage, ce qui, joint à ce que le pas et la bague du pivot étaient un peu dérangés, a dû affecter le rendement d'une manière préjudiciable, surtout dans les expériences 1 à 4 faites avec un petit nombre d'orifices adducteurs.
2	103	26,0 26,5	26,25	1,76	1,42	8	0,1912	909	21,33	13,22	0,620	0,64	
3	113	25,5	25,5	1,76	1,42	8	0,1912	909	21,33	14,09	0,661		
4	170	25,6	25,5	1,72	1,38	12	0,2868	1342	30,78	21,60	0,70	0,70	
5	228	25,0	25,0	1,66	1,32	16	0,3824	1752	38,77	27,87	0,719		
6	228	21,5 22,0 24,0	22,5	1,65	1,31	16	0,3824	1745	38,39	25,09	0,654	0,69	
7	228	24,0 24,5	24,25	1,65	1,31	16	0,3824	1745	38,39	27,04	0,704		
8	238	24,0 24,5	24,25	1,65	1,31	16	0,3824	1745	38,39	28,22	0,735		DEUXIÈME SÉRIE (14 septembre). La turbine ne formait plus frein contre son vannage. Le petit dérangement du pivot existait toujours, mais il est impossible de dire quelle pouvait être son influence sur le rendement. On a remarqué que, lorsque le nombre des adducteurs ouverts était porté à 16 et plus, l'eau d'amont, à l'endroit où était placée la règle graduée qui servait à mesurer la chute, était d'environ 0m,02 plus haute qu'au-dessus de la turbine; en sorte que, rigoureusement parlant, les chutes auraient dû être diminuées de 0m,020, ce qui aurait augmenté de près de 1 pour 100 les rendements correspondants.
9	278	21,0	21,0	1,63	1,29	16	0,3824	1731	37,62	28,55	0,759	0,74	
10	298	19,5	19,5	1,62	1,28	16	0,3824	1724	37,37	28,42	0,761		
11	208	25,5 25,0	25,25	1,62	1,28	16	0,3824	1724	37,37	25,68	0,687		
12	378	18,0 17,5	17,75	1,56	1,22	20	0,4780	2104	43,77	32,81	0,750		
13	378	18,0	18,0	1,60	1,26	20	0,4780	2138	45,61	33,27	0,729	0,75	
14	338	20,75 21,0	20,875	1,58	1,24	20	0,4780	2121	44,68	34,01	0,761		
15	378	21,8 20,00	20,75	1,69	1,35	20	0,4780	2216	49,93	38,35	0,768		
16	82	27,0	27,0	1,635	1,295	6	0,1435	651	14,19	10,83	0,763	0,76	TROISIÈME SÉRIE (15 septembre). Voir l'observation relative à la deuxième série. Expériences faites pour reconnaître le rendement à des vitesses très-réduites.
17	104	21,5	21,5	1,635	1,295	6	0,1435	651	14,19	10,72	0,756		
18	162	11,0 10,75	10,875	1,635	1,295	6	0,1435	651	14,19	8,61	0,60	0,60	
19	202	8,5 9,0	8,75	1,635	1,295	6	0,1435	651	14,19	8,64	0,61		
20	202	21,0 21,6	21,6	1,79	1,450	10	0,2392	1147	27,38	20,74	0,757	0,75	
21	318	13,75 14,0	13,875	1,80	1,46	10	0,2392	1152	27,65	"	"	"	Le plateau touchait terre dans l'expérience n° 21
22	393	21,5	21,5	1,80	1,46	20	0,4780	2304	55,30	41,84	0,757	0,75	

IV. — *Note sur de nouvelles expériences faites sur la turbine hydropneumatique, à déviation libre de la veine et à vannes partielles indépendantes.*

[Extrait des Comptes rendus des séances de l'Académie des Sciences du 23 février 1852.]

« I. Nous avons eu l'honneur d'exposer à l'Académie, dans une Note insérée au *Compte rendu* de la séance du 6 octobre dernier, le résultat des expériences faites sur la nouvelle turbine de notre système établie à la papeterie d'Égreville, à une époque où cette turbine se trouvait naturellement *dénoyée*, et où le volume d'eau qu'elle avait à dépenser n'était qu'une faible fraction de celui qui correspond à sa capacité entière.

» D'après les résultats que nous avons donnés dans une autre Note insérée au *Compte rendu* du 28 avril 1851, touchant l'augmentation d'effet utile qu'amène, dans une turbine où la libre déviation des veines liquides peut avoir lieu, l'hydropneumatisation de cette turbine, en évitant la perte de travail qui résulte, soit de son frottement dans l'eau d'aval, soit des tourbillonnements dans les canaux mobiles, d'après ces résultats, disons-nous, il était facile de prévoir que l'hydropneumatisation de notre nouvelle turbine, construite de manière que la veine y dévie en effet toujours librement, produirait dans l'effet utile un bénéfice analogue à celui que nous avaient indiqué nos premières expériences, faites sur une turbine d'ancienne construction.

» Nous avons saisi avec empressement, M. Ch. Callon et moi, l'occasion qui s'est offerte, au retour de la saison des crues, de vérifier ces premiers aperçus.

» II. Nos nouvelles expériences ont donc eu pour but de rechercher le bénéfice résultant de l'hydropneumatisation de la nouvelle turbine.

» On a déterminé ce bénéfice par deux modes d'expérimentation, dont le tableau ci-après offre le résumé.

» Dans le premier (expériences 1 à 6), on s'est proposé de comparer les quantités de travail moteur nécessaires pour vaincre une résistance donnée (mesurée par une certaine vitesse imprimée aux mêmes machines, savoir : cinq cylindres à broyer les chiffons et deux pompes à eau), suivant que la turbine était noyée ou non noyée.

» Dans le second mode (expériences 7 à 16), on a comparé les effets utiles (mesurés par les vitesses différentes imprimées aux mêmes machines) qui résultaient de la même quantité de travail moteur, suivant que la turbine était noyée ou non noyée.

» Ce second mode d'expérimentation offre des résultats en quelque sorte plus sensibles aux yeux que le premier, lequel exige quelques calculs pour rendre évidents les résultats auxquels il conduit. Mais il est moins exact et donne des nombres inférieurs à la réalité : 1° parce que la turbine, se réduisant à une vitesse moindre quand elle est noyée, n'éprouve pas, par cela même, de la part de l'eau d'aval, la résistance qu'elle éprouverait en marchant à la vitesse qu'elle prend étant dénoyée; 2° parce que l'effet utile, c'est-à-dire le travail transmis par la turbine, augmente ici plus rapidement que la vitesse imprimée aux machines.

» Au reste, pour chaque expérience, l'observation des effets de la turbine hydropneumatisée ayant toujours précédé celle des effets de la turbine noyée, il n'a pu qu'en résulter une légère atténuation du bénéfice réel de l'hydropneumatisation. Car, les cylindres étant restés appuyés de la même manière pendant tout le cours d'une même expérience, la résistance de la matière qu'ils broyaient a été nécessairement un peu en diminuant et a dû favoriser la vitesse obtenue avec la turbine noyée.

» Il est nécessaire de dire que, dans les expériences où la turbine marchait noyée, on a eu soin de suspendre le mouvement de l'appareil d'insufflation en faisant tomber la courroie qui le commandait; d'où l'on voit que le bénéfice indiqué par les expériences est véritablement un bénéfice net, puisqu'il tient compte du travail, très-minime d'ailleurs, qu'absorbe ledit appareil.

» Enfin il est à propos de remarquer (*voir* les colonnes 5 et 6 du tableau ci-après) que, dans toutes nos expériences, l'hydropneumatisation, loin d'être incomplète, était plutôt trop complète, du moins pour quelques-unes d'entre elles. Ainsi, dans la quinzième observation, par exemple, l'eau déprimée par l'air se tenait à $0^m,095$ en contre-bas du plan inférieur de la turbine, et, dans la septième, elle se tenait même à $0^m,140$, tandis qu'une différence de 3 à 5 centimètres, au plus, doit suffire pour empêcher les vagues de nuire au mouvement de la turbine. Il en est résulté évidemment une petite perte de chute qui a dû masquer, en partie, l'avantage dû à l'hydropneumatisation : on l'évitera à l'avenir en ajustant le tube de trop-plein d'air dans une boîte à étoupe qui permettra de l'amener, dans chaque cas, dans la position où l'indication du piézomètre ne dépasse que d'un très-petit nombre de centimètres la quantité dont le plan inférieur de la turbine est en contre-bas du niveau actuel d'aval.

» III. Si l'on jette les yeux sur le tableau ci-après, on reconnaît de suite que chaque expérience complète se compose de deux observations successives. Ainsi, dans le premier mode d'expérimentation expliqué ci-dessus, après avoir reconnu, par la comparaison des chiffres des cinquième et sixième colonnes, que la turbine était entièrement débarrassée de l'eau d'aval ambiante, on notait avec beaucoup de soin les positions des biefs d'amont et d'aval, le nombre des vannettes levées et le nombre de tours effectués par minute. Cette observation ayant été répétée plusieurs fois et par plusieurs personnes, on noyait la turbine en donnant issue à l'air comprimé, en même temps qu'on arrêtait l'appareil d'insufflation, comme il a été dit plus haut. Le piézomètre descendait rapidement à zéro, et l'on voyait en même temps et progressivement, 1º la vitesse de la turbine décroître; 2º le niveau supérieur baisser, et le niveau inférieur monter en avant du barrage provisoire établi, en aval de la turbine, pour immerger celle-ci de quantités variables à volonté. Cela indiquait visiblement que l'affaiblissement de l'effet utile était accompagné d'un accroissement dans la quantité d'eau dépensée. On ouvrait alors quelques vannettes supplémentaires pour élever la vitesse de la turbine à peu près au taux où elle était pendant l'hydropneumatisation (sauf dans les cinquième et sixième observations, où l'on n'a pas fait varier le nombre des vannettes levées, ce qui a formé un mode d'expérimentation en quelque sorte intermédiaire entre les deux modes principaux que nous avons indiqués plus haut). On notait de nouveau, et avec les mêmes soins que précédemment, la situation des niveaux, le nombre des vannettes levées, la vitesse, et l'on avait tous les éléments nécessaires pour apprécier numériquement le bénéfice de l'hydropneumatisation.

» Ce bénéfice a été les 25 pour 100, en nombre rond, de l'effet utile obtenu quand la turbine était noyée, comme le montre la dernière colonne du tableau.

» IV. Dans le deuxième mode d'expérimentation, chaque expérience comparative se composait aussi nécessairement de deux observations consécutives. La première s'effectuait absolument comme dans la première série. Pour effectuer la seconde, après avoir noyé la turbine comme tout à l'heure, on fermait un nombre de vannettes tel, que les deux niveaux d'amont et d'aval demeurassent exactement les mêmes. Ce résultat s'obtenait très-facilement, grâce au barrage d'expérience qui rendait le niveau d'aval très-sensible aux moindres différences dans le volume de l'eau dépensée; alors on notait de nouveau le nombre des tours obtenus, ce qui permettait immédiatement de déterminer les chiffres des neuvième et quatorzième colonnes.

» Dans les circonstances semblables à celles de la première série (dix à vingt vannettes levées), ce second mode d'expérimentation a donné 20 pour 100 seulement de bénéfice au lieu de 25; mais nous avons dit plus haut pourquoi ce dernier chiffre est le véritable.

» Pour des levées de vingt-quatre à trente vannes, on a obtenu, en moyenne, 10 pour 100, que l'on doit compter, par la même raison, de 12 à 13 pour 100 au moins, surtout si l'on considère que la dernière expérience a été faite avec une vitesse très-inférieure à la vitesse de régime, c'est-à-dire dans des conditions très-favorables à l'atténuation des résistances que l'hydropneumatisation a pour objet de supprimer.

» En somme, les nouvelles expériences confirment tout ce que les premières, ainsi que la théorie, nous avaient promis relativement au rendement, à très-peu près constant, de la turbine hydropneumatique, quels que soient et le volume de l'eau dépensée et les variations des niveaux d'amont et d'aval. »

Tableau des Expériences faites les 16 et 17 février 1852 sur la Turbine du Système hydropneumatique établie à Égreville.

NUMÉROS des expériences.	HAUTEURS de l'eau d'amont, par rapport à un repère supérieur. H'	HAUTEURS de l'eau d'aval, par rapport au même repère. H	CHUTE. H − H'	QUANTITÉ dont le plan inférieur de la turbine est en contre-bas du niveau d'aval. $1^m,865 - H$	INDICATION du piézomètre. P	NOMBRE de tours de l'arbre par minute (moyenne de plusieurs comptages). N	NOMBRE de vannettes levées. n	NOMBRES proportionnels aux effets utiles, c'est-à-dire aux vitesses-N obtenues dans chaque cas. T'	CHARGE GÉNÉRATRICE de la dépense de l'eau, le niveau d'aval se tenant en contre-bas du centre des orifices adducteurs ou $H > 1^m,545$. $1,545 - H' - P$ (C)	CHARGE GÉNÉRATRICE de la dépense de l'eau, le niveau d'aval se tenant en contre-haut du centre des orifices adducteurs ou $H < 1,545$. $H - H' - P$ (C)	NOMBRES proportionnels aux quantités de travail moteur dépensées dans chaque cas. $(H - H') n\sqrt{C}$ (T)	RENDEMENTS relatifs. $\frac{T'}{T}$	BÉNÉFICE de l'hydropneumatisation.
PREMIÈRE SÉRIE.													
1	0,095	1,680	1,585	0,185	0,285	14	10 (sur 40)	1,000	1,165	"	1,000	1,000	25 p. 100, en nombres ronds.
2	0,135	1,625	1,490	0,240	0,000	14	12 "	1,000	1,410	"	1,241	0,806	
3	0,182	1,600	1,418	0,265	0,337	18 3/4	16 "	1,000	1,026	"	1,000	1,000	
4	0,275	1,515	1,240	0,350	0,000	18	20 "	0,960	"	1,240	1,201	0,799	
5	0,145	1,545	1,400	0,320	0,370	21 1/2	20 "	1,000	1,030	"	1,000	1,000	
6	0,175	1,510	1,335	0,355	0,000	19	20 "	0,884	"	1,335	1,085	0,815	
SECONDE SÉRIE.													
7	0,000	1,655	1,655	0,210	0,350	16 1/2	12 (sur 40)	1,000	"	"	"	"	20 p. 100.
8	0,000	1,655	1,655	0,210	0,000	13 3/4	10 "	0,833	"	"	"	"	
9	0,025	1,565	1,540	0,300	0,360	22	16 "	1,000	"	"	"	"	22 p. 100.
10	9,025	1,565	1,540	0,300	0,000	18	14 "	0,818	"	"	"	"	
11	0,042	1,495	1,453	0,370	0,380	23 1/2	20 "	1,000	"	"	"	"	19 p. 100.
12	0,042	1,495	1,453	0,370	0,000	19 3/4	18 "	0,840	"	"	"	"	
13	0,025	1,435	1,410	0,430	0,530	18	24 "	1,000	"	"	"	"	11 p. 100.
14	0,025	1,435	1,410	0,430	0,000	16 1/4	20 "	0,903	"	"	"	"	
15	0,160	1,360	1,200	0,505	0,600	12 1/2	30 "	1,000	"	"	"	"	9 p. 100,
16	0,160	1,360	1,200	0,505	0,000	11 1/2	25 "	0,920	"	"	"	"